Yakamoz Çocuk: 188
ISBN: 978-605-384-999-5
Yayıncı Sertifika No: 16238

Yayın Yönetmeni: Ender Haluk Derince
Kapak ve İç Tasarım: Faruk Derince
Yayın Koordinatörü: Ceren Kalender

BASKI
MY MATBAACILIK SAN. VE TİC. LTD. ŞTİ.
Maltepe Mah. Yılanlı Ayazma Sk. No: 8/F Zeytinburnu / İstanbul
Tel: 0212 674 85 28 e-posta: mymatbaa34@gmail.com Sertifika No: 34191

Kitapta yer alan masalların telif hakları Yakamoz Yayınları'na aittir.
Yayınevinden izin alınmaksızın tümüyle veya kısmen çoğaltılamaz,
kopya edilemez ve yayımlanamaz.

Yakamoz Çocuk, Yakamoz Yayınları'nın tescilli markasıdır.

YAKAMOZ KİTAP / SONSUZ KİTAP
Gürsel Mah. Alaybey Sk. No: 7/1 Kağıthane/İSTANBUL
Tel: 0212 222 72 25 Faks: 0212 222 72 35
www.yakamoz.com.tr / info@yakamoz.com.tr
www.facebook.com/yakamozkitap
www.twitter.com/yakamozkitap
www.instagram.com/yakamozkitap

İçindekiler

Karlar Kraliçesi 7
Meraklı Tavşan 18
İkizler 22
Minik Boncuk 52
Şımarık Penguen 56
Boş Saksı 66
Küçük Saray 76
Şişmanlığın İlacı 100
Küçük Surat Piko 112
Üç Kardeş 116
Kurbağa Prens 136
Mutluluğun Sırrı 151
Tilki İle Leylek 167
Yaramaz Tekir 177
Su Perisi 180
Prens Yung 215
Pisicik 224
Minik Sincap'ın Maceraları 228
Anne Civciv 241

Sırma'nın Sepeti 253
İki Kız Kardeş 256
Top Böceği İle Arı 266
Solist Serçe 274
Köpek Pudo ve Kedicik Mami 277
Sincapla Ceylanın Dostluğu 294
Sesler Yarışıyor 297
Romantik Ördek 311
Yaramaz Fare 314
Küçük Bir Yolculuk 322
Ağustos Böceği İle Karınca 326

KARLAR KRALİÇESİ

Evvel zaman içinde uzaklarda büyük bir kentte iki küçük çocuk varmış. Bunlar birbirleriyle arkadaşmış, ancak birbirlerini kardeş gibi severlermiş. Erkeğin adı Kay, kızın adı Gerda'ymış. Bunlar sürekli birlikte oynar, hiç ayrılmazlarmış. Gerda'nın bir de büyükannesi varmış. Büyük annesi çok sayıda masal bilir, sırası geldikçe anlatırmış. Bir gün Kay ve Gerda oynarken büyük anne onları yanına

çağırıp, "Çocuklar bugün size yine bir masalım var. İsterseniz gelin anlatayım," demiş. Çocuklar büyükannenin yanına koşup can kulağıyla masalı dinlemeye başlamışlar. Büyükanne çocuklara kışın her tarafı bembeyaz örtüsüyle kaplayan ünlü Karlar Kraliçesi'nin masalını anlatmış. Çocuklar büyükannenin anlattığı masalı dinlemişler, daha sonra yatıp uyumuşlar.

Ertesi gün her taraf bembeyaz karlarla kaplıymış. Çocuklar sokaklara dökülüp başlamışlar kızaklarla kaymaya. O sırada oradan kocaman bir kızağın geçtiğini görmüşler. Kızağı bir düzine geyik çekmekteymiş.

Çocuklar hemen bu büyük kızağın arkasına takılmışlar. Bir süre kaydıktan sonra çocukların çoğu kızağı bırakıp geri dönmüşler.

Yalnız Kay, kızağı bırakmamış. Bu arada kentten de oldukça uzaklaşmış olduğunun farkında değilmiş.

En sonunda kızak kendiliğinden durmuş. Kızaktan bembeyaz pelerini içerisinde Karlar Kraliçesi inmesin mi? Kay, Karlar Kraliçesi'nin büyükannenin masalında dinlediği kraliçe olduğunu anlamış. Karlar Kraliçesi Kay'a, "Çok üşümüşsün, gel yanıma otur," demiş. Kay, Karlar Kraliçesi'nin yanına oturup onun verdiği pelerine sarılmış. Bir anda üşümesi geçmiş. Karlar Kraliçesi de yanında uyuyakalan çocuğu alıp şatosuna götürmüş. Meğer Karlar Kraliçesi yakaladığı çocukları şatosuna götürüp buzla kaplarmış. Kay'ı da bu şekilde buzdan bir heykelcik yapıvermiş.

Kentte ise Kay'dan uzun süre haber alamayan Gerda, arkadaşını aramaya koyulmuş. Karlarla kaplı ormana doğru yürümüş. Ormanda arkadaşını ararken küçük bir kulübeye rastlamış. Kulübeye yaklaşınca kapıyı ihtiyar bir kadın açmış. Bu kadın oralarda yaptığı iyiliklerle tanınan bir büyücüymüş. Kıza, "Ne için geldiğini biliyorum yavrucuğum, arkadaşın Kay'ı arıyorsun. Bakalım bahçede duran karga arkadaşının yerini biliyor mu?" diyerek Gerda'yı arka bahçeye götürmüş. Bahçede gerçekten de bir karga dalda bekliyormuş. Kargaya Kay'ın nerede olduğunu sormuşlar. Karga da onlara, "Kay'ın nerede olduğunu ancak ormanda yaşayan küçük kız bilebilir," demiş.

Bunun üzerine Gerda, yaşlı kadından izin isteyip yoluna devam etmiş. Ormanın derinliklerinde dolaşırken mini mini, çok güzel bir kulübe görmüş. Kulübenin kapısı açılmış. İçeriden kara karganın bahsettiği küçük kız çıkmış.

Gerda'ya:

"Hoşgeldin, ben de senin gelmeni bekliyordum," demiş. Gerda'yı içeri alıp ateşin başına oturtmuş. Ona getirdiği yiyeceklerden vermiş. Daha sonra birlikte uyumuşlar. Sabah olunca, küçük kız Gerda'yı kulübenin yanındaki samanlığa götürmüş. İçeride güvercinlerle, geyikler varmış. Güvercinler ötmeye başlamışlar. Küçük kız güvercinlerin dilinden anlıyormuş. Gerda'ya güvercinlerin ne demek istediğini anlatmış.

"Güvercinler, Kay'ı Karlar Krali-çesi'nin kaçırdığını, onu şatosunda hapsettiğini, oraya nasıl gidileceğini geyiklerin bildiğini söylüyorlar," demiş.

Bunun üzerine yola çıkmak için hazırlık yapmışlar. Geyikleri kızağa bağlamışlar. Gerda küçük kıza, kendisine yardımda bulunduğu için teşekkür etmiş. Birbirlerine el sallamışlar.

Gerda geyiklerin çektiği kızakla yola çıkmış. Günlerce yol almışlar. Dünyanın en kuzey ucuna, bembeyaz kar örtüsünden başka hiçbir şeyin görülmediği diyarlara varmışlar. Sürekli, lapa lapa kar yağmaktaymış. Geyikler bir süre daha gittikten sonra bembeyaz bir şatonun kapısının önünde durmuşlar.

Gerda, Karlar Kraliçesi'nin şatosuna geldiklerini anlamış. İçeriye girmiş. Şatonun içerisi de dışı gibi beyazmış. Gerda, şatonun içerisinde yürümeye başlamış. Bir yandan da Kay'a seslenmekteymiş. Şatoda kendi sesinin yankısından başka ses yokmuş.

Gerda, buzdan bir kapı görmüş. Kapıyı açmış, içeriye bakmış. Odanın ortasında Kay'ı donmuş bir şekilde bulmuş. Sanki buzdan bir heykelcik gibiymiş.

Gerda, Kay'ın ölmüş olduğunu zannederek başlamış ağlamaya.

O kadar çok ağlamış ki gözünden akan yaşlar yere dökülmeye başlamış.

O anda bir mucize gerçekleşmiş. Gerda'nın gözlerinden akan yaşlar, dondurulmuş Kay'ı eritmeye başlamış. Üzerini kaplayan buzların erimesiyle Kay kendine gelip konuşmaya başlamış.

- Gerda, seni gördüğüme çok sevindim. Karlar Kraliçesi'nin şatodan ayrıldığını fakat her an geri gelebileceğini söylemiş.

Hemen şatodan çıkıp geyiklerin çektiği kızağa binmişler.

Kuzey ülkesinden ayrılmışlar. Evlerine geri dönmüşler. Yaşadıkları bu heyecan verici serüveni ikisi de unutamıyormuş.

Artık evlerinden fazla uzaklaşmamaya ve sadece büyük annenin masallarını dinlemeye karar vermişler.

MERAKLI TAVŞAN

Mini mini, şeker bir tavşancıkmış Zıpzıp. Ama kötü bir huyu varmış: Çok meraklıymış. Annesi onu bu konuda defalarca uyarmış. Fakat Zıpzıp gördüklerini merak ediyor, hemen yanına yaklaşıp incelemeye başlıyormuş.

Zıpzıp yine güzel bir günde gezintiye çıktığında, bir düzlüğe gelmiş. Bir sürü çocuk oyunlar oynuyor, gülüyor, eğleniyormuş.

Zıpzıp bir ağacın dibindeki koca bir sepeti görmüş ve "Acaba içinde ne var? Bak şimdi, çok merak ettim," demiş.

Hemen sepete doğru koşmaya başlamış.

Tam sepetin kapağını açacağı sırada bir ses duymuş. Ağacın dalındaki bir baykuş, ?Sakın ona dokunma, içine düşersin!? demiş ama dinleyen kim?

Sepetin kapağını açan Zıpzıp, kafasını uzattığında, dengesini kaybedip içine düşüvermiş. Şimdi kapağı kaldırıp içinden de çıkamıyormuş. Bilge baykuş ormana gidip Zıpzıp'ın annesine haber vermiş. İkisi birlikte, Zıpzıp'ın içinde olduğu sepetin konduğu arabayı takip edip evi öğrenmişler.

Eve geldiklerinde sepeti açan çocuklar, Zıpzıp'ı görünce önce çok şaşırmış, sonra da çok mutlu olmuşlar. Hemen bahçede onun için bir kafes yapmışlar ama Zıpzıp artık özgür değilmiş. Bilge Baykuş ve Zıpzıp'ın annesi de gece olunca bahçeye girip kafesin kapısını açmışlar, Zıpzıp hemen annesine sarılıp ağlamaya başlamış. Bir daha meraklı olmayacak, her şeye burnunu sokmayacakmış. Bu konuda annesine söz vermiş ve kardeşlerinin yanından hiç ayrılmamış.

İKİZLER

Bir zamanlar küçük bir ülkede yaşayan üç kız kardeş varmış. Kardeşler bir araya geldiklerinde uzun uzun, geçmişten, gelecekten konuşurlarmış. Ülkenin kralını ve kendilerini ilgilendiren olayları birbirlerine anlatmaya başlarlarmış.

Büyük abla:

"Ülkemizin kralı benimle evlenmek isteseydi, ona düğün hediyesi olarak üzerine bir ordunun sığabileceği büyüklükte bir halı dokurdum," demiş.

Ortanca kardeş: "Ben kralla evlensem, ona düğün hediyesi olarak öyle uzun bir halı dokurdum ki, bir ucunda durduğunuz zaman diğer ucunu göremezdiniz," demiş.

Ablalarını merakla dinleyen küçük kız kardeş de: "Kralla evlenecek olsam ona düğün hediyesi olarak biri gün yüzlü kız, biri ay yüzlü oğlan olan ikiz çocuklar doğururdum. Onlar yıkandıklarında vücutlarına değen su damlacıkları altın olurdu. Ağladıklarında gözyaşlarının yerinde inciler oluşurdu. Güldükleri zaman da yanaklarında güller açardı. Oynadıkları yerlerde, çimenler yeşerirdi," demiş.

Üç kız kardeş bir gün yine bir araya gelmişler. Gelecekle ilgili düşler kurmaya başlamışlar. Tam o sırada, ülkenin genç kralı oradan geçiyormuş. Kral, atını hemen durdurmuş. Kız kardeşlerin konuşmalarını dinlemiş. Kardeşler kralı hiç fark etmemişler. Kral oradan sessizce uzaklaşarak sarayına dönmüş. Ertesi gün büyük kıza haberciler göndermiş. Onu saraya çağırmış. Huzuruna getirilen kıza:

"Eğer sen bana üzerine bir ordu sığacak büyüklükte kocaman bir halı dokuyabileceksen seninle evleneceğim," demiş.

"Elbette dokuyabilirim!" demiş kardeşlerin en büyüğü.

Sonunda büyük kızın isteği üzerine sarayda halı tezgâhları kurulmuş. Yumak yumak, renk renk ipler alınmış. Kız, işe girişmiş. Gece gündüz uyumadan halıyı dokumaya başlamış. Aradan haftalar, aylar geçmiş.

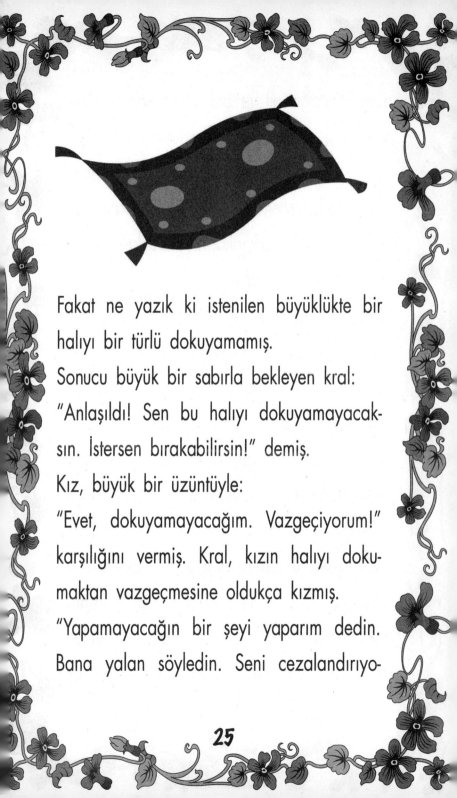

Fakat ne yazık ki istenilen büyüklükte bir halıyı bir türlü dokuyamamış.

Sonucu büyük bir sabırla bekleyen kral:

"Anlaşıldı! Sen bu halıyı dokuyamayacaksın. İstersen bırakabilirsin!" demiş.

Kız, büyük bir üzüntüyle:

"Evet, dokuyamayacağım. Vazgeçiyorum!" karşılığını vermiş. Kral, kızın halıyı dokumaktan vazgeçmesine oldukça kızmış.

"Yapamayacağın bir şeyi yaparım dedin. Bana yalan söyledin. Seni cezalandırıyorum. Mutfağa git ve bulaşıkları yıka!" diye emretmiş.

Büyük kız kardeş bu duruma çok üzülmüş. Artık kralla evlenemeyecekmiş. Mutfakta tabakları, tencereleri yıkamaya başlamış.

Sıra ortanca kardeşe gelmiş.

Ortanca kardeş saraya çağrılmış. Gelince, kral daha önce kardeşleriyle aralarında geçen konuşmayı hatırlatarak:

"İşte buyur. Tezgâh kuruldu. Renkli ipler de seni bekliyor. Dediğin uzunlukta bir halı dokuyabilirsen seninle evleneceğim. Dokuyamazsan ablan gibi seni de mutfağa göndereceğim. Bulaşıkçı olacaksın!" demiş.

Ortanca kız, kralın teklifini kabul etmiş. Tezgâhın başına geçmiş. Ablası gibi günlerce, haftalarca, hatta aylarca uğraşmış. Çok

uzun bir halıyı dokumak şöyle dursun bir odayı bile kaplayacak halıyı dokuyamamış. "Ablan gibi sen de yalancının birisin. Yapamayacağın şeyi yaparım dedin. Sen de mutfağa git, bulaşıkçı ol!" demiş kral. Ortanca kız da üzgün üzgün saray mutfağının yolunu tutmuş. Bu kez sıra üçüncüye, en küçük kardeşe gelmiş. Kral onu da yanına

çağırıp duyduklarını anlatmış.

"Yıkandıklarında vücutlarına değen su damlaları altına, ağladıklarında gözyaşları inciye dönüşecek; güldüklerinde yanaklarında güller açacak, yürüdükleri yerler yemyeşil olacak... Sen bana biri kız, biri erkek olan ikiz çocuk doğurursan seninle evleneceğim işte sana fırsat!" demiş.

Bunun üzerine küçük kız:

"Büyük kralım, eğer benimle evlenirseniz, verdiğim sözü yerine getirebilirim. İstediğiniz ikiz çocukları ancak o zaman doğurabilirim," demiş.

Genç kral, küçük kıza inanmış. Günlerce, haftalarca düğün kutlamaları yapılmış. Sonunda kral üç kız kardeşten küçük olanıyla evlenmiş.

Aradan uzunca bir süre geçmiş. Kralın eşinin yakında çocuk sahibi olacağı ülkenin her bir yanına yayılmış. Bulaşıkçılık yapan ablaları, küçük kız kardeşlerinin sözünde durduğunu duyunca çok öfkelenmişler.

"Küçük kardeşimiz sarayın ve ülkenin gerçek kraliçesi olursa buna nasıl katlanırız?" diye kıskanmışlar.

Öfkelenmek ve kıskanmakla da kalmamışlar. Bebekler doğduktan sonra onlara bakacak bakıcıyla gizlice görüşmüşler.

"Kız kardeşimiz krala verdiği sözü tutarsa, gerçekten ülkenin kraliçesi olacak. Bu da herkesin sonunu getirecek; çünkü kardeşimiz çok kibirlidir, acımasızdır. Eğer onun çocuk doğurması engellenirse o kraliçe olamayacak. Ülke kurtulacak. Hiç kimse de zarar görmeyecek!" demişler.

"Genç krala ben de çok kızıyorum. Üstelik madem kız kardeşiniz kötü biri, kraliçe olmasını engellemek lazım. Ben bir çaresini bulurum," demiş bakıcı.

Aylar sonra küçük kızın çocuklarını doğuracağı gün yaklaşmış. Sonra da ikizler dünyaya gelmiş. Biri kız, öbürü erkekmiş. Kızın alnında güneş, oğlanın alnında ay parlıyormuş.

Doğumu yaptıran bakıcı, bebekleri bir sandığa saklamış. Sonunda da saraya ve ülkeye:

"Kralımız ve kraliçemizin bebekleri ölü doğmuştur," diye haber vermiş.

Genç kral beklenmedik bu habere çok üzülmüş. Küçük kıza:

"Sen de ablaların gibi yalancı çıktın. Sözünde durmadın. Hani bana ikiz çocuk verecektin?" diyerek çıkışmış. "Gözüm seni görmesin! Artık karım değilsin. Bir an önce sarayımı terk et!"

Çocuklarının ölümüne inanan küçük kız, ağlayarak umutsuzluk içinde sarayı terk etmiş. Kötü yürekli bakıcı başına gelecekleri bildiği için bebeklerin bulunduğu sandığı kilitlemiş ve götürüp bir ırmağa atmış.

Tarlasında çalışan köylü bir kadın az ileride, sazlıkların arasında bir sandık görmüş. Hemen ırmağa atlamış. Sandığı kıyıya çıkarmış. Sandığın çok ağır olduğunu görünce, merak etmiş.

Acaba bu sandığın içinde ne olabilirmiş? Biri kız biri oğlan iki bebekle karşılaşınca

çok şaşırmış. Onları kucağına alıp doğruca kulübesine götürmüş. Yaşlı kadın ikizleri kendi çocukları gibi büyütmüş.

Zamanla, ikizlerle yaşlı kadın birbirlerine iyice alışmışlar. İkizler büyümüş. Kadın ise fakirlikten kurtulmuş. Çünkü çocukları yıkanınca vücutlarına değen sular, yere altın damlalar olarak düşüyor, ağladıklarında gözyaşları inci tanesi olarak akıyor, güldüklerinde yanaklarında güller açıyor, bastıkları yerden de çimenler, çiçekler fışkırıyormuş.

Bir gün ikizlerden erkek olanı yaşlı kadına: "Anneciğim biz dışarıda oynamak istiyoruz," demiş.

Yaşlı kadın onların başkaları tarafından görülmesini istemediği için:

"Bu isteğinizi yerine getiremem. Dışarıya değil, kapının önüne bile bırakamam!" demiş. Bir gün oğlan, izinsiz olarak evden ayrılmış, çok uzaklara gitmiş. Aynı gün ülkenin genç kralı da atına atlamış, avlanmaya çıkmış. Gezip dolaşırken çocukla karşılaşmış. Birden çocuğa karşı bir yakınlık hissetmiş. Ona:

"Karım bana senin gibi güzel bir çocuk verecekti. Sözünde durmadı. Şimdi sen benimle gel. Sarayıma gidelim. Benim oğlum ol, benimle yaşa!" demiş.

Çocuk, kralın güzel sözleri karşısında çok duygulanmış, sevinçle, saygıyla:

"Teşekkür ederim kralım. Annemi, kız kardeşimi kulübede bıraktım. Onlar olmadan yaşayamam, tekrar onlara dönmeliyim," demiş.

Kral sarayına döndüğünde ormanda gördüğü güzel çocuğu herkese anlatmış.

Mutfakta bulaşıkçılık yapan büyük kızla ortanca kız, bu haberi duyunca çok şaşırmışlar. Bu oğlan çocuğun küçük kız kardeşlerinin oğlu olduğunu anlamışlar. Hemen bakıcıyı çağırmışlar.

"Bize bebeklerin öldüğünü söylemiştin. Oysa şimdi onların yaşadıklarını öğrendik. Bu çocuk kralın oğludur. Gerçek ortaya çıkarsa senin ve bizim sonumuz ne olacak?" demişler.

"Siz hiç merak etmeyin. Gerçekler hiçbir zaman bilinmeyecek. Ben çaresine bakacağım!" demiş bakıcı kızlara.

Ertesi gün gizlice saraydan ayrılmış. Uzun bir süre yürüdükten sonra karanlık ormanlara gelmiş. Çocuğun önce izine, sonra da kendisine rastlamış. Çocuğa:

"O yaşlı kadın sizin anneniz olamaz. Sizi gerçek annenizden saklıyor. Ben seni bekleyeceğim. Haydi şimdi git, kız kardeşini de buraya getir" demiş.

Çocuk çok düşünmüş. Kendisini ve kız kardeşini besleyip büyüten iyiliksever kadına kötülük yapmak istemiyormuş. Ama ya bakıcı kadının söyledikleri doğruysa, diye içine bir kuşku düşmüş.

"Kız kardeşimi getiremem. Bunu başaramam," diyebilmiş.

Acımasız bakıcı çocuğa çok yakınlık göstermiş.

"Bunu başaracaksın. İşi kolaylaştırmak için sihirli flüt sana yardımcı olur," demiş.

O zamanlar sihirli flütün adı herkesin dilindeymiş. Çok marifetliymiş; çünkü sihirliymiş. Flüt yüksek kayalıklar üzerinde kurulmuş bir kalede yaşayan korkunç bir devin elindeymiş. Bunu herkes biliyormuş.

Daha önceleri flütü almak için birçok genç buraya, bu kaleye çıkmış fakat asla geri dönmemiş. Çocuk bunları biliyormuş ama aynı zamanda dillere destan olan bu sihirli flütü çok merak ediyormuş. Kaleye çıkmak, korkunç devi görmek ve sihirli flütü almak isteği içinde uyanmış.

"Oraya nasıl gidebilirim?" diye sormuş.

Acımasız bakıcı çok uzakta duran kaleyi ve oraya giden yolu göstermiş.

"Şu yol seni doğru o yüksek kaleye götürecek. Oradan sihirli flütü alacak, onun sayesinde de kız kardeşini rahatlıkla kurtarıp buraya getirebileceksin," demiş.

Çocuk büyük bir heyecanla hemen yola koyulmuş. Çok uzun ve yorucu bir yürüyüşten sonra kaleye varmış. Çok büyük ve korkunç devle karşılaşmış. Dev ona öfkeyle bakıp kükremiş:

"Buraya niçin geldin? Buralarda ne arıyorsun?" demiş.

"Sihirli flütü almaya geldim," diye yanıtlamış çocuk.

Dev çok kızarak homurtuyla bağırmış:

"Hayır, olamaz! Sen duymadın mı? Sihirli flütü almak için buraya senden önce pek çok insan geldi. Flütü benden almayı hiç kimse başaramadı. Hepsi de yok oldu. Bunu sana da vermem. Sen de yok olacaksın."

"Flütü alarak, kız kardeşimi kurtarmam gerekiyor!" diyerek yalvarmış çocuk inatla.

"Kız kardeşini mi kurtaracaksın? O şimdi nerede?"

"Kız kardeşim, bizi çok seven, besleyip büyüten, bizi kimseye vermek istemeyen bir kadınla birlikte kapısı kilitli bir kulübede bulunuyor. Eğer sihirli flütü vermezsen kilitli kapıyı açamam. Kız kardeşimi oradan asla kurtaramam," demiş.

Korkunç devin öfkesi, çocuğu dinledikten sonra geçmiş. Gözlerine tatlı bir bakış, yanaklarına tatlı bir gülüş gelmiş.

"Sen çok güzel ve akıllı bir çocuksun. Sanırım kız kardeşin de senin gibi güzeldir. Onu kurtarabilmen için sihirli flütü sana vereceğim. Ama bir daha buraya gelmeyeceksin. Yoksa sana diğerleri gibi kötülük yaparım," demiş.

Koca dev böyle söyledikten sonra getirip sihirli flütü çocuğa vermiş.

Ormanda çocuğu bekleyen kötü yürekli bakıcı onun sihirli flütü getirdiğini görünce çok şaşırmış.

Çocuğa:

"Bu kez aynı kaleden, aynı devden sihirli saati getireceksin!" demiş.

Çocuk kaleye yeniden tırmanmış. Dev, çocuğu görünce:

"Hani bir daha gelmeyecektin? Seni bir lokmada yiyeceğimi söylemiştim. Şimdi ne istiyorsun?"

"Sihirli saati istiyorum!" demiş çocuk.

Çocuğu sevdiği için devin kalbi yumuşamış. Öfkesi yatışmış. Ona kötülük etmenin içinden gelmediğini anlamış. Gitmiş, sihirli saati de getirip çocuğa vermiş.

Kötü yürekli acımasız bakıcı, saati getirdiğini de görünce daha çok şaşırmış. Çocuğu son bir kez daha denemek istemiş:

"Şimdi de git, sihirli aynayı al getir!"

Çocuk hemen koşmuş. Kısa bir süre sonra devden sihirli aynayı da alarak bakıcıya getirmiş.

Kurduğu bütün tuzakların boşa gittiğini anlayan bakıcı çok öfkelenmiş. Çocuğa:

"Kız kardeşini ve seni ne flüt, ne saat ne de ayna kurtarabilir. Onu tek başaracak olan devin kendisidir," demiş.

Çocuk tekrar geri dönmüş. Dev onu görünce kendisiyle alay ettiğini sanmış.

"Senin isteklerin çok oldu artık, elimden kurtulamazsın," demiş.

Çocuk üzülmüş, özür dileyerek devin sözünü kesmiş.

"Kardeşimi senden başkası kurtaramaz. Onu ancak sen kurtarabilirsin. Lütfen benimle gel," demiş.

Dev çocuğa öfkeyle bağırmış:

"Sen ne yüzsüz bir çocuksun. Seni taş yapacağım," demiş. Güçlü bir solukla üflemiş. Rüzgâr çıkmış, fırtına başlamış. Çocuk bir anda taş kesilmiş. Bir heykel oluvermiş.

Heykelin yanında sihirli bir ağaç yükseliyormuş. Dallarında ötüşen kuşlar, çocuğun bir anda heykel olduğunu görünce çok üzülmüşler. Birbirlerine:

"Bu sihirli ağacın yapraklarından birini birisi heykele dokundurursa, çocuk tekrar insan kılığına dönüşebilir," demişler.

Kuşlar böyle konuşurken tam o sırada oradan koyunlarıyla geçmekte olan bir çoban, kuşların söylediklerini duymuş. Çünkü, kuş dilini çok iyi biliyormuş. Zaman kaybetmeden sihirli ağaçtan bir yaprak koparmış. Heykele dokundurmuş. Yaprağın dokunmasıyla taş olan heykel, birden eski insan hâline geliverimş.

Dev hayatında görmediği bu olay karşısında çok şaşırmış. Çocuğun yanına gelerek: "Haydi yürü bakalım. Seninle geliyorum. Gidelim kız kardeşini kurtaralım," demiş.

Kötü bakıcı, çocukla devin yanına yaklaştıklarını görünce korkudan kaçarak oradan uzaklaşmış. Kralın sarayına geri dönmüş.

Artık bu çocukla başa çıkamayacağını anlamış.
Dev, işin içinde bir oyun olduğunu düşünmüş. Yine de sesini çıkarmamış. Çocukla birlikte yaşlı kadının kulübesine ulaşmışlar.
"Kızı almaya geldik," demişler.
Yaşlı kadın hiç zorluk çıkarmamış. Sadece:
"Ben bu kızla oğlan olmadan yaşayamam. Artık onlar benim çocuklarım. Onlardan ayrılamam. Ne olur, bizi birbirimizden koparmayın izin verin ben de geleyim," demiş.
Dev, kadının durumuna çok üzülmüş:
"Haydi yürüyün, birlikte gidelim," demiş.
Kulübeden ayrılmışlar, tarladan geçerek ormana ulaşmışlar. Gerçekleri öğrenen dev onlara şu uyarıda bulunmuş.
"Artık ben kaledeki evime gidiyorum. Siz

burada bekleyin. Avcılık yapan bir kral buralara gelecek, sizi görecek. Sizi sarayına götürmek isteyecek. Sakın zorluk çıkarmayın. Onunla birlikte gidin.

Saraya vardığınızda orada iki kadın göreceksiniz. Onlar sizin teyzeleriniz. Fakat sizi asla sevmiyorlar. Şirin görünmek için size iyi davranacaklar, pasta ikram edecekler. Onları asla yemeyin. Kralın köpeğine atın. Köpek pastayı yiyince hemen ölecek; çünkü pasta zehirli. Köpeğin öldüğünü gören kral nedenini öğrenmek isteyecek. İşte o zaman koşun, 'Babacığım' diyerek, ona sarılın. Çünkü kral sizin babanızdır. Sarayın kapısında dilencilik yapan kadın ise annenizdir. Dev bunları anlattıktan sonra hızla uzaklaşmış. Doğruca dağdaki kalesine gitmiş.

Yaşlı kadın, besleyip büyüttüğü çocuklarla birlikte ormanda bir süre beklemiş. Daha sonra atıyla avlanmakta olan kralı görmüşler. Bir yaşlı kadınla iki çocuğa rastlayan genç kral, avlanmayı bırakmış. Çocuklarla kadını alıp, sarayına götürmüş.

Devin söyledikleri sırasıyla bir bir gerçekleşmiş. Sarayın kapısında dilencilik yapan bir kadın, mutfakta bulaşıkçılık yapan iki kadın varmış. Konuklara pastalar, börekler yapılmış. Ama ikizler devin dediklerini unutmamışlar. Pastayı ve böreği yememişler. Kralın köpeğine vermişler.

Pastayı ve böreği yiyen köpek titreyerek hemen oracıkta ölmüş. Kral buna çok kızmış, çok öfkelenmiş. Onun çok üzüldüğünü gören ikizler hemen krala koşmuşlar. Sarılıp onu kucaklamışlar.

"Bizim babamız sensin. Annemiz ise kapıda dilencilik yapan kadındır. Zehirli pastayı, böreği yapan kadınlar da teyzelerimizdir," demişler.

Olayları gören, ikizlerin anlattıklarını işiten kral, çocukları sevgi ve hasretle bağrına basmış. Sarayın kapısında dilenen karısını kucaklayıp saraya getirmiş. Sonra da şu emri vermiş:

"Kötü yürekli acımasız bakıcıyı bulaşıkçılık yapan hain ve kıskanç kadınları yakalayın, onları zindana atın!"

Onca olup biten acılardan sonra mutlu yuva yeniden kurulmuş. Kötüler cezalarını çekerken, iyilerin dileği gerçekleşmiş. Dilencilik yapmak zorunda kalan küçük kız kardeş, saraya kraliçe olmuş.

Kral, kraliçe, ikizler ve yaşlı kadınla birlikte, bütün ülke mutlu olmuş. O ülkede bu olaydan sonra, kıskançlıklar son bulmuş.

Bundan sonra beraberlikleri hiç bozulmamış. Uzun yıllar mutlu bir hayat sürmüşler.

MİNİK BONCUK

Boncuk güzel, parlak tüylü bir tavşandı. Annesi onu büyük bir sevgiyle büyütmüştü. Boncuk büyüyor, her geçen gün de akıllanıyordu. Bir gün annesine sordu:

"Anneciğim, benim babam nerede?"

Annesi bir süre bu soruya cevap vermekten kaçınmıştı. Ama artık Boncuk'a her şeyi anlatması gerektiğini düşündü. Boncuk'u karşısına alıp anlatmaya başladı. "Dinle, Boncuk... Sen daha çok küçüktün.

Baban bize yiyecek bir şeyler getirmek için evden çıktı. Kocaman, ışıklı gözleri olan, canavar gibi makinelerin geçtiği, uzun şeritli siyah bir yola girdi ve bir daha geri dönmedi!"

Boncuk bir süre düşündükten sonra, babasını aramaya karar verdi: O uzun şeritli yola gidecekti. Gün boyunca yürüdü. Gece olduğunda, uzun bir şeridin üzerinde buldu kendini. Burası bir otoyoldu.

"Ne biçim bir yer burası?" diye sordu kendi kendine. Şaşkın şaşkın etrafına bakıyordu. Tam o anda, arkasında, kulakları sağır edercesine büyük bir gürültü duydu. Aniden o yöne doğru baktı ve kocaman, iki sarı göz gördü.

Geriye doğru kaçtı. Koca canavar da yanından gürültüyle geçip gitmişti. Boncuk çok korkmuştu.

Koşarak annesinin yanına geldi. Ona sarılıp ağlarken, "Anneciğim, bundan sonra senden habersiz hiçbir şey yapmayacağım," dedi.

O günden sonra mutlu hayatlarına devam ettiler. Boncuk bir daha annesini hiç üzmedi, ondan izin almadan hiçbir şey yapmadı.

ŞIMARIK PENGUEN

Tamamen buzlarla kaplı, denizin çok soğuk olduğu bir ülkede küçük bir penguen yaşarmış. Hiç kimseyle arkadaşlık etmez, sabah akşam hayaller kurarmış. En sevdiği hayali, fotoğrafını bir dergide gördüğü sirkte çalışmak ve ünlü olmakmış.

O renkli çadırın içinde yaşamak ve gösteriler yapmak istiyormuş. Dergideki fotoğrafta bir fokun mavi bir topu burnunun üstünde taşıdığını ve seyircilerin onu çılgınca alkışladığını görmüş.

Penguen etrafındakilere, "Benim ondan neyim eksik?" diye söylenmiş. "Ünlü olup çok para kazanacağım. Bir sürü hayranım olacak, gazeteciler peşimden koşacak," diye kendi kendine böbürlenmeye başlamış.

Herkes onun kendini beğenmişliğinden ve kaprislerinden yaka silkiyormuş; ancak bu, şımarık penguenin umurunda değilmiş. Gördüğü her yabancının yanına yaklaşıp, "Sirkin nerede olduğunu biliyor musunuz?" diye soruyormuş.

Yine evinden çok uzaklaştığı bir gün yaşlı bir adamla karşılaşmış. Hiç çekinmeden, "Sirke nasıl gidebilirim?" diye sormuş. Yaşlı adam pengueni ansızın karşısında görünce ilk başta şaşırmış. Daha sonra gülümseyerek, "Sen çok şanslı bir penguensin çünkü ben uzaklarda bir sirk işletiyorum," demiş. Penguen sevinçle çığlık atmış. "Yaşasın! O zaman sizin sirkinizde çalışabilirim, öyle değil mi?"

"Elbette," demiş adam. "Ancak sirkte çalışmak için ilk önce anne ve babandan izin almalısın."

Penguen elindeki fırsatı yitirmekten korktuğu için heyecanlanmış. Panikle, "Ailem bana izin verdi," demiş. Yalan söylediği için piş-

man değilmiş çünkü bir an önce sirkte çalışıp ünlü olmak istiyormuş.

Yaşlı adam penguene inanmış. Beraber gemiye binip çok uzak bir ülkeye doğru yola çıkmışlar. Hâlinden pek mutlu olan penguen gemide etrafı izliyor ve çevresindekilere, "Biliyor musunuz, ben çok ünlü bir sirk yıldızıyım," diye yalan söylüyormuş.

Gemiden inip sirke vardıklarında penguen gözlerine inanamamış. Çok büyük, rengârenk bir çadıra; daha önce görmediği vahşi hayvanlara ve palyaçolara hayranlıkla bakıp, "Hepsinden daha ünlü olacağım," demiş.

Yaşlı adam ona bisiklet sürerken topları yukarı fırlatıp tekrar yakalamasını öğretmeye başlamış. Penguen öyle hırslıymış ki başarılı olabilmek için uyumayıp saatlerce çalışmış.

Sonunda yaşlı adamın beğenisini kazanmış. Penguen gururla içinden, "Çok para kanacağım," diyormuş.

Şovunu sergileyeceği gün geldiğinde heyecandan kalbinin duracağını sanmış. Sahneye çıkıp gösterisini başarıyla tamamlamış. İzleyiciler onu uzun uzun alkışlamışlar. Penguen göğsünü kabartarak selam vermiş. Sahneden inerken, "Şimdi gazeteciler gelip fotoğrafımı çekecekler, dergiler benim hak-

kımda yazılar yazacak," diye düşünüyormuş. Oysa gerçekler umduğundan farklıymış. Akşam olunca onu bir kafese koyup kapıyı üstüne kilitlemişler. Penguen bu duruma şaşırsa da pek tepki vermemiş. Sabırsızlıkla hayranlarını beklemeye başlamış. Ancak ne gelen varmış ne de giden.

Penguen hayal kırıklığına uğramış. Yaşlı adam onu sürekli bir kafesin içinde tutuyor, sadece gösteri zamanında dışarı çıkmasına izin veriyormuş. Şovunu sergilemediği saatlerde kimse onunla ilgilenmiyormuş.

Penguen özgürce dolaştığı buzdan ülkesini ve ailesini özlemeye başlamış. Yaptığının ne kadar yanlış olduğunu fark etmiş. Geceleri umutsuzca, "Aileme haber vermeden uzaklaşmamalıydım. Eminim onlar da beni özlemişlerdir," diye gözyaşı döküyormuş.

Öyle mutsuzmuş ki gösterisini bile sergileyememeye başlamış. Seyirciler onu izlemeye gelmez olmuş.

Yaşlı adam, penguenin artık işine yaramayacağını anlayıp onu sirkten kovmuş. Penguen sevinçle, "Öyle olsun!" demiş. "Ünlü bir sirk yıldızı olamadım ama yine eskisi gibi özgürüm."

Özlemle yuvasına gitmek için yola çıkmış. Eve ulaştığında ailesi onu sıkıca kucaklamış. Penguen yaşadıklarından bir ders almış. O günden sonra asla yalan söylememiş, kibrini ve kendini beğenmişliğini bırakmış, çevresindekilere sevgi ve saygıyla yaklaşmış.

BOŞ SAKSI

İyilik, güzellik yıldızlar gibi ışır
Parıldar insanlığın gökyüzünde
Barış, kardeşlik bir Ay'dır
Şakır durur mutluluğun özünde
Ya doğruluk,
O batmayan sımsıcak bir Güneş'tir.
Bir varlığın 'insanlık' kanıtıdır
Bitmeyen gündüzünde...

İnsan on çağ, yüz çağ, bin çağ öncesinde de mutlu bir yaşamın insanca davranışlarla kazanılacağına inanırmış. Bu insanca davra-

nışlar; iyilik, merhamet, yardımlaşma, sevgi, saygı ve daha pek çok güzel değerlerin hayata geçirilmesi demekmiş. Ama tüm bu güzelliklerin içinde inci gibi parıldayan bir değer varmış ki, onun adı 'doğruluk'muş çünkü insanların kardeşçe bir arada yaşayabilmesi, adaletin egemen olması ile mümkünmüş. Adalet ise ancak doğruluk toprağında boy verebilen bir güzel, benzersiz çiçekmiş...
İşte bu çağda, bir ülkede yaşlı bir kral varmış. Kral, insanlık değerlerinin tümüne hayranmış da doğruluğa bir başka sevdalıymış. Uzun yıllar ülkesini doğrulukla, adaletle yönetmiş ve halkı tarafından çok sevilmiş. Ama yaşlanmış artık. Kendisinden sonra ülkeyi yönetecek olan bir kralın tahta çıkması gerekiyormuş.

Kader bu ya, hiç de çocuğu yokmuş kralın. Bunun için de kendinden sonra kral olacak kişiyi halk arasından seçmesi gerekiyormuş. Bizim kral günlerce düşünmüş seçim yapmak için. Nasıl bir seçim yapmalıymış ki en doğru kişiyi bulabilsin? Sonunda, aklına gelmiş. Ülkenin tüm çocuklarının saray bahçesinde toplanmalarını istemiş. Bir gün sonra da saray bahçesinde yüzlerce, binlerce çocuk toplanmış. Kral, çocukların önünden tek tek geçerek her birinin avucuna minik bir şey koymuş. Sonra şöyle demiş:

- Size birer çiçek tohumu veriyorum çocuklar. Evinize gidip bu tohumları saksınıza dikin. Bir ay sonra bana en güzel çiçeği kim getirirse, ülkenin benden sonraki kralı o olacak.

Çocuklar, sevinçle evlerine koşmuşlar. Annelerinden saksı alıp kralın verdiği tohumu saksıya ekmişler. Sulamışlar, gübrelemişler ve tüm dikkatlerini saksıda büyüyecek olan çiçeğe vermişler.

Bu çocukların arasında, bir de Yung adlı birisi varmış. O da annesinden bir küçük saksı alıp kralın verdiği tohumu ekmiş, sulamış ve beklemiş. Beklemiş ama aradan on gün geçmesine rağmen, saksıda bir filiz gözükmemiş.

Yung üzülmüş. Yanlış bir şey yaptığını düşünerek annesinden başka bir saksı almış. Ona değişik bir toprak koyup tohumu yeniden ekmiş. Sulamış, gübrelemiş ve beklemiş. Ama yok, yok! Aradan bir on gün daha geçmiş ve saksıda yine filiz gözükmemiş.

Yung'un da artık yapacak bir şeyi kalmamış. Verilen bir aylık süre dolmuş ve saksısını kapan çocuk yeniden saraya koşmuş. Saksılar binbir renkli, binbir kokulu çiçeklerle doluymuş. Kiminde kan rengi gelincik, kiminde can kokulu gül, kiminde karanfil, kiminde de ak duvaklar benzeri bembeyaz papatyalar varmış.

Kral yine tek tek önlerinden geçmiş çocukların. Birine "Aferin!" demiş, öbürüne "Çok güzel!" bir başkasına da "Bravo!" Hepsini tek tek övdükten sonra gerilerde, elindeki boş saksıyla dikili duran Yung'un önüne gelmiş.

- Senin saksın neden boş çocuğum?

Yung utançla boynunu bükmüş.

- Verdiğiniz tohumu özenle ektim, suladım, gübreledim. Ama olmadı. Bununla da yetinmedim, saksı ve toprağını bir süre sonra değiştirdim. Yine çiçek alamadım. Sanırım bir hata yaptım kralım. Ama nerede, nasıl yaptım, anlayamadım. Beni bağışlayın lütfen!

Kral gülümsemiş, uzanıp yanağını okşamış Yung'un.

"Üzülme çocuğum," demiş. "Çünkü benden sonra bu ülkenin kralı sen olacaksın."

Herkes donup kalmış bu karar karşısında. Kralın en yakın adamlarından biri dayanamamış sormuş:

- Bağışlayın ama kralım, onca güzel çiçek dururken siz neden çiçeksiz boş bir saksı getiren çocuğu seçtiniz?

Kral zekice gülmüş:

- Çünkü bana en güzel çiçeği boş saksı içinde bu çocuk getirdi.

Kralın yardımcısı daha bir şaşırmış, boş boş bakmış. Ama kral devam etmiş:

- Aslında bütün saksıların çiçeksiz ve boş olması gerekirdi. Çünkü ben çocuklara, çiçek tohumu diyerek kara boncuklar dağıtmıştım bir ay önce. Hepsi yalan söyledi, bir tek bu çocuktan başka... Bu yaşta bu kadar doğru olan bir insan, büyüyüp kral olduğunda, ülkesi üzerinde bir adalet güneşi gibi parlar. Anladın mı şimdi?

Yardımcısı, bu kez anlamış. Anlamış da, böyle yüce ahlak ve üstün akılla donanmış bir kralı olduğu için gözlerinden boncuk gibi yaşlar dökmüş.

KÜÇÜK SARAY

Bundan yıllar yıllar önce dünyanın tüm güzelliklerini görmek için diyar diyar dolaşan Yolcu adında bir gezgin yaşarmış. Yolcu'nun bir de ona yoldaşlık eden beyaz bir baykuşu varmış. Günün birinde Yolcu öyle uzaklara gitmiş ki kimsenin ayak basmadığı, gelip görmediği karanlık bir ormana girmiş. Ormanda büyük, yaşlı ağaçlar; neredeyse tüm ormanı kaplayan sığ dereler varmış. Yolcu ilerledikçe ağaçlar sıklaşmış, öyle ki beyaz baykuşun uçup yukarıdan ormana bakmasına bile imkân yokmuş. Bir süre sonra Yolcu, yolunu kaybettiğini fark etmiş. Geceyi geçirebilmek için bir ağacın dalına çıkmış.

Kendisine yosunlardan, yapraklardan güzel bir yatak yapmış ve beyaz baykuşuyla beraber derin bir uykuya dalmış. İlerleyen saatlerde, "Uyan, sana saklı ülkenin yolunu göstereceğim, uyan!" diyen bir kadının fısıltısını duymuş.

Gözlerini açtığında karşısında beyazlar içinde bir genç kız görmüş. Siyah saçları, kırmızı yanakları, pembe dudakları varmış. Ağaçların arasında süzülerek yürüyor ve Yolcu'ya gel der gibi elini sallıyormuş.

Yolcu hiçbir canlının var olmadığı bu or-

manda böylesine güzel bir genç kızın ne aradığını merak etmiş ve onu takip etmeye başlamış.

Genç kız önde, Yolcu arkada saatlerce yol gitmişler. Sonunda girişi yosunlarla kaplı, nemli bir mağaranın önüne gelmişler. Kadın mağaradan içeri girerek gözden kaybolmuş. Yolcu, mağaraya girip karanlıkta el yordamıyla ilerlemiş. Bir süre sonra küçük bir gölete rastlamış. Göletten rengârenk ışıklar mağaranın duvarına yansıyormuş.

Yolcu, gölete daha yakından bakabilmek için duvarlara tutunarak yürümeye devam etmiş. O sırada elinin değdiği bir taş ağır ağır duvarın içine girmiş. Yolcu korkuyla geri çekilirken duvar yana doğru açılmaya başlamış. Yolcu, dikkatle duvarın ardına bakmış ve cam bir fanusun içinde küçük bir saray görmüş.

Fanusun içindeki saraya daha dikkatli bakınca etrafında bir köy olduğunu görmüş. Köyde evler ve insanlar varmış. Bir de sarayın içinde, yatağında uyuyan güzel bir kız varmış. Yolcu, kıza biraz daha dikkatli bakınca onun hayalini gördüğü kız olduğunu anlamış.

O sırada kız mağaranın kapısında tekrar belirmiş. "Fanusun içindeki o saray önceden bu ormanın tamamını kaplardı. Kral topraklarını genişletmek ve daha fazla ev yapmak için tüm ağaçları kesmeye başlayınca Doğa Ana çok kızdı. Büyü yapıp sarayla kasabayı küçülttü ve bu cam fanusun içine hapsetti. Şimdi fanusun içindeki herkes derin bir uy-

kuda, kurtarılacakları günü bekliyorlar."

Yolcu, "Peki, ben seni nasıl görüyorum?" diye sormuş.

Genç kız, "Zamanında yardım ettiğim bir cadı bana büyülü bir yüzük vermişti. Yüzük sayesinde kendimi sana gösterebiliyorum. Ama acele etmelisin, dolunay çıktığında Doğa Ana'nın yaptığı büyü kalıcı olacak. O zaman saray ve içindekiler sonsuza kadar bu cam fanusun içinde kalacak."

Yolcu endişeyle, "Ne yapmam gerektiğini bilmiyorum ki," demiş.

Genç kız, "Kudretli Çınar Ağacı'nı bul, o sana yardım eder," dedikten sonra ortadan kaybolmuş.

Yolcu, beyaz baykuşunun kulağına, "Uç bakalım eski dostum. Uç ve bana Kudretli

Çınar Ağacı'nı bul," diye fısıldamış.

Beyaz baykuş kanatlarını açarak yükselmiş ve ağaçların arasında gözden kaybolmuş. Aradan iki saat geçmiş. Yolcu, beyaz baykuşu merak etmeye başlamış ki beyaz baykuş aniden Yolcu'nun yanında belirmiş.

"Hadi bakalım, dostum. Ağacın yerini göster bana."

Baykuş uçarak Yolcu'ya yolu göstermiş. Saatlerce yol gitmişler, sonunda bataklıkları geçip Kudretli Çınar Ağacı'na ulaşmışlar. Kudretli Çınar Ağacı ormandaki en büyük ağaçmış. Uzun dalları gökyüzüne ulaşıyor, kökleri ise tüm ormanı kaplıyormuş.

Yolcu, Kudretli Çınar Ağacı'nın önüne geldiğinde ağacın dalları oynamaya başlamış. Gövdesinde kabuk gibi duran bir çift göz

belirmiş ve "Sen de kimsin? Bu ormanda yalnızca ağaçlar yaşar!" demiş.

Yolcu saygılı bir ses tonuyla, "Ben bir gezginim. Adım Yolcu," diyerek cevap vermiş. Ardından ormana girdikten sonra başına gelenleri anlatmış. Sarayı eski haline getirip genç kıza yardım etmek istediğini söylemiş. Kudretli Çınar Ağacı, bir süre sessiz kalmış. Ardından bir homurtu gibi çıkan sesiyle konuşmaya başlamış. "Burası bir zamanlar insanların yaşadığı, bolluk ve bereket içinde olan bir kasabaydı. Ama insanlar doğaya ihanet ettiler. Yakacak ve ev yapmak için çokça ağaç kestiler. Nehirlere çöplerini attılar. Sebepsiz yere hayvanları avladılar. Canını kurtaran hayvanlar ormanı terk etti. Sonunda tek ağaç ben kaldım. Nehirler

uzun zaman önce kurudu. Kasabadaki bolluk azaldı. Zamanla insanlar da bereketli bölgelere gittiler. Kalanlar, ısınmak için beni de kesmek istediler. Ancak imdadıma Doğa Ana yetişti ve kasabayı sarayla birlikte cam bir fanusun içine hapsetti. İnsanlar derin bir uykuya daldılar. Rüzgâr, Doğa Ana'nın verdiği tohumları dört bir yana savurdu. Ağaçlar hızla büyümeye başladı. Sonra günlerce yağmurlar yağdı. Nehirler tekrar doldu."

Yolcu, Kudretli Çınar Ağacı'nın toprağın üzerine çıkmış bir köküne oturmuş. "Başına gelenlere çok üzüldüm. İnsanlar bazen sadece kendilerini düşünürler ve çevrelerine ne büyük zararlar verdiklerini fark etmezler. Doğa Ana'nın verdiği ceza oldukça ağır, hem bu dolunaydan sonra büyü kalıcı ola-

cak. İnsanların size yaptıklarını şimdi siz onlara yapmış olacaksınız!"

Kudretli Çınar Ağacı diğer ağaçlarla konuşup tartışmış. Sonunda, "Biz ağaçlar olarak senin haklı olduğuna karar verdik. İnsanlar cezalarını çektiler. Büyüyü bozmak için ormanı canlandırman lazım. Ona bakmalı, onunla ilgilenmelisin. Ormanı terk eden hayvanları geri çağırmalısın. Sen bunları yaptıkça cam fanustaki kasaba yavaş yavaş büyüyecek," demiş.

Yolcu, hemen işe koyulmuş. Komşu kasabaya gidip pazardan; arı kovanı, ördek ve kaz yavruları almış. Beyaz baykuşa da etraftaki ormanları dolaşıp gördüğü canlıları ormana davet etmesini söylemiş.

Yolcu, kasabadan getirdiği ördek ve kazlara

güzel bir gölet yapmış. Arıları kovandan çıkarıp özgür bırakmış. Karıncaları çağırmak için ormanın dört bir yanına ekmek kırıntıları koymuş. Kuşlar için ağaçların dallarına yuvalar yapmış. Nehrin etrafındaki pislikleri toplayıp çöpe atmış. Bu sırada beyaz baykuşun ormanın yeni hâlini anlattığı ve çağırdığı diğer hayvanlar da ormana gelmişler. Bülbüller, ceylanlar, ayılar, sincaplar ormanın yeni hâlini görünce sevinç içinde evlerine yerleşmişler.

Yolcu, çevreyi güzelleştirdikçe mutlu oluyor, daha çok çalışmak istiyormuş. Saatler geçmiş ve hava kararmış. Yolcu diğer kasabalardan aldığı çiçekleri toprağa ekerken arkasında bir ses duymuş. O sırada omzuna bir el dokunmuş. Yolcu, hızla arkasına dö-

nünce karşısında beyaz elbiseli, siyah saçlı o güzel genç kızı görmüş.

Heyecanla, "Ama sen hani Küçük Saray'da esir kalmıştın?" demiş.

Genç kız, "Büyü bozuldu, saray ve kasaba eski haline döndü," demiş.

Yolcu, genç kızla beraber kasabaya gitmiş. Herkes Yolcu'yu alkışlıyor ve ona teşekkür ediyormuş. Yolcu, büyük bir taşın üzerine çıkıp konuşmaya başlamış.

"Doğa bizim en büyük dostumuzdur. Doğa Ana'nın verdiği cezadan dersinizi aldınız. Artık ormana zarar vermeyin, onu koruyup güzelleştirin."

Kasaba halkı, Yolcu'nun haklı olduğunu, bundan sonra ormana iyi bakacaklarını söylemişler. Kral bu konuşmadan çok etkilenmiş ve Yolcu'yu kasabanın ve sarayın prensi yapmış. Bir zaman sonra Yolcu, genç kız ile evlenmiş ve hayatları boyunca doğayı korumak için uğraşmışlar.

Beyaz baykuş ise Yolcu ile sarayda yaşamak yerine ormandaki arkadaşlarıyla kalmak istemiş.

ŞİŞMANLIĞIN İLACI

Geçmiş zamanlarda da insanlar zengin ve yoksul, güzel ve çirkin, şişman ve zayıf, mutlu ve mutsuz olarak zıt değerlere sahipmiş. Yoksul zengine özenir, çirkin güzeli kıskanır, şişman zayıfa imrenir ve mutsuz mutluyu örnek almaya çalışırmış o zamanlar da. Kısacası, dünya yine aynı dünyaymış. Aynı dünyaymış da, bu zamanların bir yerinde çok zengin bir toprak ağası yaşarmış. Parasının, malı ve mülkünün hesabını bilemeyecek kadar zenginmiş adam. Böyle bir zenginlik içinde de yer, içer, eğlenir, yaşamın tadını çıkarırmış.

Ne var ki, bir konuda çok sıkıntılıymış. Adam aşırı şişmanmış ve bu şişmanlığı onun başına büyük bir dertmiş. İstediği gibi gezip koşamıyor, dans edemiyor, çevresindekilere uyum sağlayamıyormuş. Bu duruma üzülünce de daha çok yiyor, yedikçe daha çok şişmanlıyormuş.

Sonunda, şişmanlık belasından kesin bir biçimde kurtulmaya karar vermiş. Hekimlere, şifacılara gitmiş, büyük paralar ödeyerek derdine çare olmalarını dilemiş.

Kimi bir tüp ilaç verip, "Her gün sabah akşam birer tane yut. Bir ay sonra dal gibi olursun," demiş.

Kimi de birkaç şifalı otu havanda ezerek bir merhem yapmış.

"Sabahları aç karnına bundan bir kaşık ye. Haftasına kalmaz yarı yarıya incelirsin," demiş.

O şöyle, bu böyle demiş. O şunu, bu bunu önermiş; ama ne denirse yapmış, ne verilirse içmiş, yemiş, yutmuş. Gelin görün ki hiç kilo verememiş. Üstelik şişmanlığı da giderek artıyormuş.

Adam son çare olarak tellallar tutmuş, şehirde günlerce bağırtmış.

- Duyduk duymadık demeyin! Kim ağamızı zayıflatmayı başarırsa kendisine ödül olarak bir kese altın verilecektir!

Yüzlercesi doluşmuş ağanın evine. Yine ilaçlar, otlar, merhemler derken kimse bu şişmanlığı giderecek bir çare bulamamış.

Bir gün bir yapı işçisi dayanmış ağanın kapısına.

- Ben seni zayıflatmanın yolunu biliyorum ağam. Ama burada olmaz.

"Ya nerede?" diye sormuş ağa.

- Benim kaldığım yere geleceksin.

Ağa teklifi kabul etmiş, düşmüş işçinin arkasına. Gide gide viran bir kulübeye ulaşmışlar. İçeriye girdiklerinde ağa bakmış ki yerde bir sürü döşek. Ortalıkta yoksulluk kol gezmede. Merakla sormuş:

- Ailen bu kadar kalabalık mı?

- Yok ağam. Bu döşekler arkadaşlarımın. Biz burada yirmi işçi barınırız.

Ağa bir şey anlamamış ama sesini de çıkarmamış. İşçi bir sofra kurmuş hemen. İki tabak yemekle bir somonu getirip bırakmış sofra üzerine.

- Buyur ye ağam.

Ağanın şaşkınlığı daha bir artmış.

- Hem zayıflatacağım diyorsun, hem önüme sofra kurup ye diyorsun. Bu nasıl iştir böyle?

- Sabret ağam. Sabret de şu yemeği ye hele.

Ağada iştah zaten sınırsız. Önüne konan yemeği bir çırpıda silmiş süpürmüş. Ama ardından da olduğu yerde uyumuş kalmış. Meğer işçi yemeğin içine uyku ilacı koymuş. Uyuyan ağanın üzerindeki giysileri çıkarmış, kendi işçi giysilerini giydirmiş. Kendisi de ağanın giysilerini giyinmiş. Ağayı yataklardan birine yatırmış, kulübeden çıkıp gitmiş.

Akşam olup yorgun argın çalışmaktan dönen işçiler yataktakini arkadaşları sanmışlar, hiç ilişmemişler. Sonra da yataklarına gidip uyumuşlar.

Sabah erkenden bütün işçiler uyanmış. İşçi giysileri içindeki ağayı da uyandırmışlar.

- Kalk hadi!

Kalkmış ağa. Kalkmış ama "Ben falanca ağayım. Yapmayın etmeyin!" dediyse de kimseyi inandıramamış. Hep birlikte çalıştıkları inşaata gitmişler, işe başlamışlar.

Ağa akşama kadar inşaatta taş, tuğla çekmiş sırtına. Dağ gibi kumla kireç karmış, ter içinde kalmış. Akşam olup kulübeye dönünce birkaç lokma yiyip baygın gibi uyumuş kalmış yatağında.

Bu durum tam bir ay sürmüş. Sürmüş de

ağa bir incelmiş, bir incelmiş ki fidan gibi bir delikanlıya dönmüş. Bir ayın sonunda ağaya bu oyunu yapan işçi gizlice çıkagelmiş. O gece ağanın yemeğine yine uyku ilacı koymuş, derin derin uyutmuş. Sonra da üzerindeki ağa giysilerini giydirmiş, kendi de onun üzerindeki işçi giysilerini giymiş yeniden.

Ağa sabah olup uyanınca üzerindeki ağa giysilerini görmüş, şaşkına dönmüş. Sonunda bir ay boyu yaşadıkları uzun bir rüya sanıp işçiye dönmüş.

- Çok garip rüyalar gördüm. Hayırdır inşallah!

İşçi kurnaz kurnaz gülümsemiş.

- Elbet hayırdır ağam. Hele bir üzerindeki giysilere bak.

Ağa bakmış ki, bollaşan giysilere iki tane kendi rahatlıkla sığar. Sevinmiş, deliye dönmüş.

"Nasıl oldu bilmem ama beni zayıflatmayı başardın. Bir kese altını fazlasıyla hak ettin," demiş ve konağına dönüp işçiye tam üç kese altın vermiş.

O günden sonra ağa yine oburca yemiş ama bir damla olsun şişmanlamamış. Çünkü rüya sandığı bir ayı hatırlayıp bağda bostanda çalışmış, alın teri dökmüş ve tembellikten kurtulmuş.

KÜÇÜK SURAT PİKO

Piko'nun sevimli, minik bir suratı vardı. Bu yüzden de herkes ona "Küçük Surat" derdi. Ama bu sevimli suratın yanında, fazlasıyla meraklı ve söz dinlemeyen bir yapısı vardı. Bu yüzden de başı
sık sık derde girerdi. Son seferinde de ormanda koşarken bir porsuğu kovalıyordu. Zavallı porsuk yuvasına dalınca Piko da peşinden girmiş ve oraya sıkışıp kalmıştı.

Akşama doğru annesi Piko'yu merak etmeye başladığı için aramaya çıktı. Bir de ne görsün? Piko, bir porsuğun yuvasının kapısına sıkışıp kalmış. Annesi Piko'yu kurtarmış ama Piko'nun canı çok yanmıştı. Buna rağmen Piko, hala uslanmış gibi görünmüyordu.

Evlerine döndüklerinde, çitlerin dibinde duran bir kirpi görmüştü Piko. Onunla oynamak istiyordu ama daha önce hiç kirpi görmemişti, Piko olacaklardan habersiz patisiyle, kirpiye dokundu.

Tam o anda acı acı bağırmaya başlayan Piko'nun patileri, kirpinin batan iğneleri yüzünden yara olmuştu.

Annesi, o halde eve dönen Piko'ya pansuman yapıp yaralarını sardı. Her seferinde yaptığı gibi, yine oğluna nasihatlerde bulunmuştu: "Uslu ol! Evden fazla uzaklaşma. Tanımadığın, önceden görmediğin şeylere böyle yaklaşma. Sonucu bu şekilde kötü olabilir ve yaralanabilirsin!"

ÜÇ KARDEŞ

Yüksek tepelerin, uzun çayırların ardında tüm gözlerden uzak bir krallık varmış. Halk öyle mutlu, öyle huzurluymuş ki aralarında hiç kavga etmez, birbirlerine seslerini bile yükseltmezlermiş. Krallığın böyle mutluluk içinde olmasının en büyük nedeni kralmış. Kral öyle dürüst, öyle adaletliymiş ki kimsenin hakkı kimse de kalmazmış.

Günlerden bir gün kral hastalanmış, yerine

bir kral seçmesi gerekmiş. Oğullarını yanına çağırmış. "Artık iyice yaşlandım. Yerime birinin geçmesi gerek. Bu krallığı yıllardır huzur ve barış içinde yaşattım. Benden sonra gelecek kralın da aynı şekilde davranmasını arzu ederim. Bu yüzden üç büyük krallığa yerime geçecek bir varis aradığımı haber ettim. Onlar da kendi oğullarını gönderdiler. Onlarla beraber üç sınavdan geçeceksiniz. Kim hak ederse tahta o geçecek."

Kral, vezirini yanına çağırmış. Vezirin elinde üç tane saksı varmış. "İşte ilk sınavınız... Bu saksıların her birinde birbirinden değerli, nadide çiçek tohumu var. Tohumunu büyütüp onu çiçeklendiren ilk sınavı kazanır."

Oğullar saksılarını alıp sessizce odalarına çekilmişler. Babalarını layık olmak, onun

karşısında başarısız olmamak için tohumlara gözleri gibi bakmışlar.

Bir gün küçük kardeş, ağabeylerine akıl danışmak istemiş. "Ağabeylerim, her gün tohumu suluyor, güneşe çıkarıyorum, toprağını havalandırıyorum. Ama ne yaptıysam tohumun filizlenmesini sağlayamadım..."

Ortanca kardeş, küçük kardeşinin sözünü kesmiş. "Ben de ne yaptıysam tohumumu büyütemedim," demiş. Büyük kardeş de aynı şekilde tohumunun büyümesini sağlayamamış. Beraber oturup konuşmuşlar, neyi eksik yaptıklarını tartışmışlar ama her yolu deneseler de tohumların filizlenmesini sağlayamamışlar. Zaman geçmiş, babalarının huzuruna çıkma vakti gelmiş. Üç kardeş başarısız oldukları için çok üzgünlermiş.

Üç kardeş ve diğer ülkelerden gelen üç prens ellerinde saksılarla sıraya girmişler. İki prensin saksısında mis kokulu çiçekler varmış. Kral saksılara baktıktan sonra, "Birinci sınavınız size vermiş olduğum tohumları yetiştirmekti. Bu sabrınızı ölçecek bir sınavdı. Görüyorum ki aranızdan sadece iki kişi tohumları yetiştirebilmiş. Ancak bu sınavın içinde ne kadar dürüst olduğunuzu ölçmek gizli bir sınav daha vardı. Size ver-

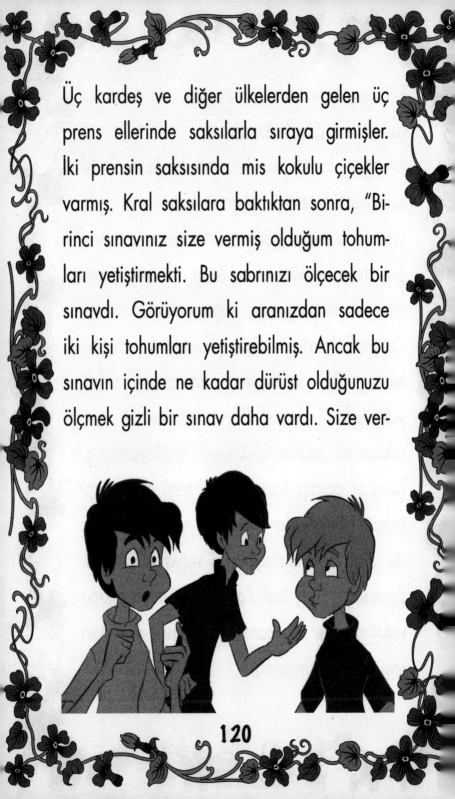

miş olduğum tohumlar bozuktu. Yani tohumların filiz vermemesi gerekirdi. Tohumlarını filizlendiren iki kişinin bunu yapabilmek için tek yolu vardı. O da tohumu değiştirmek. Anlayacağınız aranızdan iki kişi dürüst olmayı bırakıp hırsına yenilmiş," demiş.

Kralın bu sözleri karşısında tohumlarını filizlendiren iki prens utançtan kıpkırmızı olmuş. Tek bir söz etmeden saksılarını bırakıp sarayı terk etmişler.

Ertesi gün kral yeni görevlerini vermek için dört prensi huzuruna çağırmış. Prensler kralın odasına girdiklerinde vezir krala yemek servisi yapmaktaymış. Vezir tam çorba doldururken kral koluyla tabağa çarpmış ve çorba kralın üzerine dökülmüş.

Kral öfkeyle, "Seni sakar! Gördün mü yaptığını! Bak üzerimi mahvettin. Terk et sarayımı, kovuyorum seni," diye bağırmış.

Bu tepki karşısında kralın üç oğlu öne atılmış. Büyük oğul, "Kralım, tabağa kolunuzla siz çarptınız," demiş. Ortanca oğul, "Böyle önemsiz bir konu için ülkeye yönetmekte size büyük yardımları olan birini kovamazsınız," diye devam etmiş. Küçük oğul, "Vezirin görevi yemeğinizi hazırlamak değil, ülkede dirlik ve düzeni sağlamaktır," diye sonlandırmış.

Kral bağırarak, "Yani benim haksızlık yaptığımı mı söylüyorsunuz?" diye sormuş.

Üç oğul aynı anda yanıt vermişler. "Evet, kralım!"

Kral, sesini hiç çıkarmayan diğer prense dönmüş. "Ya sen? Sence de hatalı olan ben miyim?"

Prens, kralın önünde eğilerek, "Olur mu öyle şey, efendim. Siz kralsınız. Ne karar verirseniz doğru odur," demiş.

Bunun üzerine kral gülerek vezirine dönmüş. "Sanırım ikinci sınavın sonucu da belli oldu, değil mi vezirim?"

Vezir krala gülümsemiş. "Evet, efendim."

Dört prens şaşkınlıkla birbirine bakmış.

Kral, "Adalet herkes için gereklidir. Sırf kralım diye her istediğimi yapamam. İkinci sınavınız haksızlık yapan en üst kişi olsa bile adaleti korumanızdı," demiş.

Kraldan yana davranan prens büyük bir utançla başını eğmiş. Krala verdiği ders için teşekkür ettikten sonra sessizce odadan çıkmış ve ülkesine geri dönmüş.

Kral oğullarına dönerek, "Sizlerle gurur du-

yuyorum. İki sınavdan da geçtiniz. Sıra son göreviniz geldi. Bunda kim başarılı olursa yerime o geçecek," demiş. "Sarayın karşısındaki büyük dağın zirvesinde yalnız bir kadın yaşar. Onda tüm dünyaya hükmedecek çok güçlü bir kılıç var. Sizden onu getirmenizi istiyorum. Yalnız dikkatli olun. Bu kadın bir cadıdır ve eğer sizi görürse lanetler."

Üç kardeş ertesi gün erkenden yola çıkmışlar. Saatler sonra dağın zirvesine ulaşmışlar. Ağaçların arasında ilerlerken aniden geniş bir çayırlık alana gelmişler. Çayırın tam ortasında küçük bir kulübe varmış. Sessizce kulübeye yaklaşıp pencereden içeri bakmışlar. Yaşlı bir kadın büyük bir kazanın başında duruyor, içine çeşitli renklerde sıvılar boşaltıyormuş.

Üç kardeş sessizce geri gidip ağaçların arasına saklanmışlar. Bir süre sonra yaşlı kadın kulübeden çıkıp ormanın içinde gözden kaybolmuş. Bunu fırsat bilen üç kardeş koşarak kulübeye girmişler. Tüm odaları aramışlar ama kılıcı bulamamışlar. Tam dışarı çıkacaklarken küçük kardeş bodruma inen gizli bir merdiven görmüş. Aşağı indiğin-

de büyük bir masanın tam ortasında kılıcın durduğunu görmüş. Kardeşlerine, "Kılıcı buldum, aşağıda!" diye seslenmiş.

Üç kardeş tam kılıcı alıp evden çıkacaklarmış ki yaşlı kadın kapıda belirivermiş. Öfkeyle, "İzinsiz benim evime girmeye ve eşyalarımı çalmaya cüret edenler de kim?" diye bağırmış. Üç kardeş, yaptıklarının ne kadar yanlış olduğunu kabul etmişler ve kadından özür dilemişler. Başlarından geçenleri anlatınca yaşlı kadın yumuşamış.

Yaşlı kadın, "Kralımızı çok severim; iyi, adaletli bir adamdır. Sizin de niyetinizin iyi olduğuna ikna oldum. Bu seferlik sizi affediyorum. Hatta size seçim yapmanız için bir şans bile vereceğim" demiş.

"Babanızın iyileşmesi için gereken üç iksir

var. Bunları size verebilirim. Ya kılıcı seçersiniz ya da bir tane iksiri... Seçim sizin... Ama unutmayın kılıç size sonsuz bir güç verecek," dedikten sonra kılıcı ve sarı, mavi ve yeşil renkteki üç iksiri masaya koymuş. Büyük kardeş hiç düşünmeden sarı iksiri seçmiş, ortanca kardeş de mavi iksiri almış. Küçük kardeş kılıcı köşeye iterek yeşil iksiri almış.

Yaşlı kadın, "Demek kral olmak yerine babanızın sağlığını seçiyorsunuz," demiş.

Ortanca kardeş, "Tek arzumuz babamızın eski sağlığına kavuşması," demiş. Yaşlı kadın ile vedalaştıktan sonra üç kardeş saraya doğru yola çıkmışlar. Kralın huzuruna çıkıp yaşadıklarını anlatmışlar.

Kral, "Sizinle gurur duyuyorum. Hepiniz

mükemmel krallar olacaksınız. Sağlığıma kavuşsam da taht sizin hakkınız," diyerek krallığı üç oğluna birden bırakmış.

Üç kardeş uzun yıllar krallığı yönetmiş ve babalarının başarısına yeni başarılar eklemişler. Halk sevgi ve huzur içinde yaşamaya devam etmiş

KURBAĞA PRENS

Bir zamanlar, büyük bir sarayda güzel mi güzel bir prenses yaşarmış. Prenses küçük bir kızken annesi ona altın bir top hediye etmiş. O günden sonra Prenses, Kraliçe'nin verdiği bu altın topu hiç yanından ayırmamış.
Nereye giderse altın topunu da yanında götürüyormuş. Bir gün sarayın bahçesinde gezerken altın topunu elinden düşürmüş ve top yuvarlanarak göle düşmüş.

Prenses suyun derinliklerine doğru düşen altın topunun ardından ellerini suya uzatmış fakat onu tutamamış ve ağlamaya başlamış. Gölün hemen yanından, tuhaf bir ses gelmiş: "Üzülmeyin Prenses. Ben size topunuzu getirebilirim fakat sizden bir isteğim var." Konuşanın kurbağa olduğunu gören Prenses şaşkınlıkla, "O top bana annemden hatıra ve çok değerli. Onu bana geri getirirsen, ne istersen veririm." demiş. Kurbağa: "Arkadaş olmak istiyorum. Benimle birlikte yiyip, birlikte gezip, benimle oynayacağınıza söz verirseniz, topunuzu getireceğim."

Prenses'den söz alan kurbağa gölün derinliklerine doğru yüzmeye başlamış ve Prenses'in altın topunu gölden çıkarmış. Prenses ise kurbağadan altın topunu alıp,

hızla saraya doğru koşmaya başlamış. Kurbağa pes etmemiş. Ertesi sabah sarayın kapısını çalmış ve Prenses'e seslenmiş: "Prensesim ben geldim, arkadaşınız." Prensesin arkadaşı olduğunu söyleyen bu kurbağayı gören Kral ve Kraliçe çok şaşırmışlar. Prenses olan bitenleri ailesine anlatmış ama kurbağa ile arkadaş olmak istemediğini söylemiş. Kral öfkeyle, "Söz verdiysen, tutmalısın!" demiş ve kurbağayı içeri davet etmişler. Hep birlikte yemek yemek için sofraya oturmuşlar. Prenses kurbağa ile birlikte yemek yemek istememiş. Fakat Kral kızına Kurbağa'ya verdiği sözü tekrar hatırlatmış ve Prenses, Kurbağa ile aynı tabaktan yemek zorunda kalmış. Yemeklerini bitirdiklerinde Kurbağa, Kral ve Kraliçe'ye teşekkür etmiş. Prenses'e, "Sizinle

bu güzel sarayın bahçesinde biraz dolaşmak isterim." demiş. Prenses yine istemeyerek de olsa Kral'dan çekindiği için masadan kalkmış ve bahçeye çıkmışlar.

Bahçede Prenses'in kendisiyle ilgilenmediği gören Kurbağa çok üzülmüş. "Prenses, benimle vakit geçirmek istemiyorsunuz. Hatta benden iğreniyorsunuz."

"Ben aslında sizin gibi bir insandım. Komşu ülkenin yakışıklı bir prensiydim. Ailemle sarayımızda mutlu mesut yaşıyorduk. Bir gün kötü kalpli cadı geldi ve beni bir kurbağaya dönüştürdü." diyerek ağlamaya başlamış.

Prenses, Kurbağa'nın bu hikayesine çok üzülmüş. Ona kendisine yaptığı iyiliğe rağmen kötü davrandığı için çok utanmış. Kurbağayı elleriyle tutup, yerden kaldırmış.

"Seni üzmek istemezdim. Verdiğim sözü tutmadığım için beni affet. Artık üzülme, ben her zaman yanında olacağım." diyerek gözlerini kapatıp, Kurbağa'nın yüzüne bir öpücük kondurmuş.

Prenses'in öpücüğüyle sarayın bahçesi birden, ülkenin her yerinden görünen büyük bir ışıkla aydınlanmış. Prenses gözlerini tekrar açtığında, karşısında Kurbağa yerine yakışıklı bir gençle karşılaşmış. "Güzel Prensesim öpücüğünüzle kötü büyüyü bozdunuz." Prenses, karşısında Prens'e dönüşen kurbağayı görür görmez âşık olmuş. Saraya dönüp her şeyi anlatmışlar. Kurbağa Prens ve Prenses çok geçmeden görkemli bir düğünle evlenmiş, sonsuza kadar mutlu yaşamışlar.

MUTLULUĞUN SIRRI

İnsanın yeryüzünde var olduğu günden bu yana mutlulukla mutsuzluk hep iç içe, yan yanaymış. Kimileri sevgiyi bilip tanımaz, kısacık ömrünü dırdırla, vırvırla tüketirmiş. Kimileri de sevgi sözcükleriyle bu ömrü bir çiçek bahçesine döndürür, mutluluğun sırrına erermiş. Bu masalımız da bize, bu sırra erenlerin başarıyı ne kadar kolay yakaladığını anlatıyor. Okuyalım bakalım. Belki biz de bu güzel sırrı öğrenir, yaşantımızı bir

çiçek bahçesine döndürürüz...

Birbirinin çok seven bir karı koca yaşarmış bir zamanlar. Bu sevgi, birindeki kusuru ötekine göstermez, birinin eksiğini öbürü hoşgörüyle kapatıp görmezden gelirmiş.

Bir sabah kahvaltıdan sonra adam kalkmış ve:

"Ben pazara gidiyorum hanım," demiş.

Kadın sormuş:

"Ne yapacaksın pazarda?"

"Şu atı artık satayım dedim. Hayli yaşlandı da," demiş ve atı alarak pazar yoluna düşmüş.

Yolda, bir koyunu çekerek götüren bir adam görmüş. "Bu koyunu alırsam hem sütünü sağıp içer hem de yününü kırkarım. Karım da bu yünden kazaklar, çoraplar dokur..." diye düşünmüş ve adama yaklaşmış.

- Uğurlar ola hemşerim. Pazara mı?
- Evet pazara.
- Belli ki bu koyunu satmaya götürüyorsun.
- Evet.
- Pazara kadar yorulma. Gel benim atla senin koyunu değişelim.

Adam bir ata, bir koyuna bakmış.
- Ama seninki at. Benim koyundan çok daha fazla para eder. Sen bu değişimden zararlı çıkarsın.
- Olsun. Benim hanım koyunu çok sever. Onun gönlü olsun da varsın zararlı çıkayım.

Adam, "Peki, benden günah gitti," demiş. Koyunu vermiş, atı almış ve uzaklaşmış.

Biraz gittikten sonra, koyunu alan adam karşıdan, koltuğunda kazla bir kadının geldiğini görmüş. Kaz pek besili, pek güzelmiş. "Bunu alırsam yumurtasını yer, tüyünden de yastık yatak doldururuz. Eti de pek lezzetli olur hani..." diye düşünerek kadına yaklaşmış.

- Uğurlar ola bacı. Pazara mı?
- Evet pazara.
- Kazı satmaya, değil mi?
- Doğru. Kazı satmaya.
- Hiç yorulma pazara kadar. Senin kazla benim koyunu değişelim.

Kadın bir kaza bakmış, bir koyuna.

- Ama senin koyun benim kazdan çok daha fazla para eder. Bu değişimle sen zararlı çıkarsın.
- Varayım çıkayım bacım. Benim hanım kaz etini pek sever. Onun gönlü hoş olsun da ben zarara razıyım.

Demiş ve koyunu verip kazı almış, yeniden yola düşmüş. Az gitmiş çok gitmiş, kolunda bir sepet elma götüren bir kız çocuğu görmüş. Elmalar da kocaman kocaman, kırmızı kırmızıymış. "Bu elmaları götürürsem karım kim bilir ne kadar sevinir... Elmayı da pek sever!" diye düşünüp çocuğa yaklaşmış.

- Bu elmaları pazara mı götürüyorsun yavrum?

- Evet amca.

- Hiç yorulma pazara kadar. Bak, ben sana bu kazı vereyim, sen bana o elmaları ver. Çocuk bir kaza bakmış, bir elmalara.

- Ama senin kazın benim elmalarımdan çok daha fazla para eder. Sen bu değişimden zararlı çıkarsın amca.

Adam gülmüş.

- Biliyorum çocuğum, demiş. Ama benim hanım elmayı pek sever. Zararlı çıksam da razıyım. Yeter ki onun gönlü hoş olsun.

Adam kazı vermiş, elma sepetini alıp koluna takmış ama yorulduğunu fark etmiş. Dönüş yolunu tutacakmış ya, bir kır kahvesi görmüş yolu üzerinde. "Bir çay içer dinlenirim," diye düşünüp kır kahvesine gelmiş, boş masalardan birine oturmuş ve bir çay söylemiş.

Adam gelen çayı içerken biri sokulmuş masaya.

- Oturabilir miyim hemşerim?
- Buyur otur, demiş adam.

Yeni gelen oturmuş da yerdeki sepette duran elmaları görmüş, sormuş:

- Satılık mı bu elmalar ?
- Yoo, eve götürüyorum.
- Pazardan mı aldın?

- Hayır, bir atla değiştim.

Şaka yapıyor sanmış yeni gelen. Gülmüş.

- Hadi canım sen de! Bir ata karşılık bir sepet elma ha?

- Gülme! Demiş ve bütün hikâyeyi ayrıntısına kadar anlatmış. Karşısındaki elini çenesine koyup düşünmüş, dudak bükmüş.

- Şimdi eve gidince karınla yaman bir kavgaya tutuşacaksın desene!

- Neden?

- Senin bir ata karşılık bir sepet elmayla eve döndüğünü gören karın öfkeden deliye dönecek de ondan.

- Hiç de değil, demiş adam. Karım beni çok sever. Üstelik elmalara o kadar sevinir ki, beni öpücüklere boğar.

Karşısındaki adam:

"Böylesi bir saflığı hoşgörüyle karşılayacak bir kadın düşünemiyorum ben!" diye haykırmış. Var mısın benimle iddiaya? Karın kızarsa o sepetteki elmaları bana vereceksin. Ama kızmazsa ben sana bir kese altın vereceğim. Kabul mü?

- Kabul de, karımın kızıp kızmayacağını sen nereden bileceksin?

- Kolay. Bir sakınca görmezsen ben de seninle gelirim.

Anlaşmışlar ve yürüyüp adamın evine gelmişler.

Kapıyı açan kadın, kocasını ve yanındaki adamı görünce yüzünde güller açmış. Sormuş kocasına:

- Kim bu bey?

- Bu beyle yeni tanıştık hanım. Ama birbirimizi pek sevdik. Eve yemeğe davet ettim kendisini. Sağ olsun. O da beni kırmadı.

- Yaa, ben de pek sevindim. Çoktandır kapımızı çalan da olmamıştı. Eee, anlat bakalım, atı iyi bir fiyata sattın mı bari?

Adam, kapı dibine bıraktığı elma sepetini göstermiş.

- Bilmem, demiş. Atı bir sepet elma karşılığı verdim. İyi fiyat mı, kötü fiyat mı sen bilirsin artık.

Dedikten sonra bütün hikâyeyi anlatmış karısına adam. Kadın yerinden kalkmış, elma sepetini kapıp gelmiş.

- Benim elmayı ne kadar sevdiğimi bilirsin. Sana çok teşekkür ederim kocacığım! Deyip sarılmış, adamın iki yanağını öpmüş.

Öbür adam bakakalmış öyle. Dili damağı

kurumuş, tek söz edememiş.

Kocası bu kez kadına sormuş:

- Eee, sen ne yaptın bakalım ben yokken?
- Ortalığı sildim süpürdüm. Sonra kümese inip tavukların altından taze yumurta aldım. Alınca da sana pek sevdiğin çılbır yemeğini yapayım dedim. Baktım yumurta var, yoğurt var ama sarımsak yok. O sıra bizim komşu Musa emmi atı sormaya kapıya gelmez mi! Senin pazara satmaya götürdüğünü söyledim. Atın eyeri de kapı önünde durup dururdu. Musa emmiye eyeri verdim, ondan bir bağ sarımsak aldım. Bir çılbır yaptım ki bey, parmaklarını yersin!

Bu defa adam karısına sarılmış yanaklarını öpmüş.

- Bilirim beni ne çok seversin. Hadi getir

çılbırı da konuğumuzla afiyetle yiyelim.
Kadın sevinçle mutfağa koşmuş.
Konuk adam ev sahibine dönmüş hemen.
- Hadi karın, senin ata karşılık bir sepet elma getirmene kızmadı. Peki be adam, karının bir bağ sarımsak karşılığı bir eyer vermesine sen kızmadın mı?
- Hayır kızmadım. Üstelik ne kadar sevindiğimi anlatamam sana, demiş ve iyice yanaşıp elini konuğunun omzuna koymuş.
"Bak hemşerim, beni iyi dinle," demiş. "Mutluluk, satın alacağımız en ağır bedele bile değer. Ben, karımın dudağındaki bir sevinç gülücüğüne dünyaları feda ederim, yine az gelir... O, benim gözlerimdeki bir mutluluk ışıltısına neler vermez ki... İşte, biz yaşamı böyle tanır, böyle severiz. Bundan ötesi de

nedir ki... "

Konuk adam elini koynuna atmış, altın kesesini çıkarıp uzatmış.

- Al, sen kazandın.

Ev sahibi keseyi itmiş eliyle.

- Yoo, ben altınlarını almak için evime davet etmedim seni. Sok onu koynuna.

- İyi dedin de arkadaşım; ben de bu altınları bahsi kaybettiğim için vermiyorum ki zaten!

- Peki ya niçin?
- Bana, bin kese altınla bile satan alınamayacak değerde bir ders verdin. Onun için. Hadi, lütfen al!

Yemişler, içmişler, söyleşmişler. Mutluluk bir ak güvercin gibi kanat çırpmış, hepimizin başına konmuş.

Ne mutlu onun sırrını bilenlere...

TİLKİ İLE LEYLEK

Tilki ile Leylek arkadaş olmuşlar. Birlikte ormanda şarkılar söyler, oyunlar oynarlarmış. Tüm hayvanlar, onların barış ve dostluk içinde olmalarına özeniyormuş.

Leylek bir gün sormuş, "Tilki kardeş, senin kurnaz olduğunu söylüyorlar. Doğru mu bu?"

Bunu duyan Tilki sinsice gülmüş ve "Sen her duyduğuna inanma," demiş Leylek'e.

Tilki, o gün Leylek dostuna ne kadar zeki ve kurnaz olduğunu göstermek istemiş. Bu

sohbetlerinin üzerinden günler geçmiş. Tilki ve Leylek bu günlerini birlikte, arkadaşça ve mutlu geçirmişler.

Tilki, o gün Leylek dostuna ne kadar zeki ve kurnaz olduğunu göstermek istemiş. Bu sohbetlerinin üzerinden günler geçmiş. Tilki ve Leylek bu günlerini birlikte, arkadaşça ve mutlu bir biçimde geçirmişler.

Bir gün Tilki, "Leylek dostum bunca zamandır arkadaşız. Bu akşam misafirim olur musun? Sana bir ziyafet vermek istiyorum," diyerek Leylek'i evine davet etmiş.

Dostunun bu davetine çok sevinen Leylek, "Elbette gelirim Tilki kardeş," demiş. Evlerine dağılmışlar. O gün Leylek, Tilki'nin akşam kendisine vereceği ziyafette karnını doyuracağı için akşama kadar hiçbir şey yememiş.

Tilki de gün boyu Leylek'in en sevdiği yemekleri hazırlamış. Akşam olduğunda Leylek, Tilki'nin onun için planladığı oyundan habersiz Tilki'nin evinin yolunu tutmuş.

Tilki, sofrayı hazırlamış. Leylek, Tilki'nin kapısını çalmış. Tilki onu buyur etmiş ve sofraya oturmuşlar. Ne yazık ki bu sofranın büyük bir eksiği varmış.

Tabakların hepsi sadece Tilki'nin yemek yiyebileceği şekildeymiş. Tilki, dostuna önce sıcak bir çorba ikram etmiş.

Leylek, tabaktan çorbayı içmeye çalışmış ama nafile. Gagası uzun olduğu için bir türlü çorbaya ulaşamıyor, hatta bu dumanı tüten çorbanın tadına bakamıyormuş bile.

Tilki ise içinden bu duruma gülüyormuş ve "Çorbayı sevmedin sanırım dostum sana başka bir yemek getireyim," demiş. Fakat ne yazık ki Leylek, Tilki'nin ona sunduğu hiçbir yemekten yiyememiş. Çünkü sofradaki bütün tabaklar düzmüş.

Tilki, tüm yemekleri iştahla midesine indirirken Leylek aç kalmış. Eve dönerken, "Ellerine sağlık Tilki kardeş. Bugün çok yemişim sanırım, pek iştahım yok. Bir akşam ben de seni yemekte ağırlamak isterim," demiş.

Birkaç gün sonra Tilki'ye, "Akşama balık pişireceğim Tilki kardeş. Gel birlikte yiyelim," demiş. Balık lafını duyduktan sonra iştahı kabaran Tilki, Leylek'in davetini kabul etmiş. Akşam Tilki, Leylek'in kendisine sunacağı balığı iştahla beklemiş. Leylek, yemeğini dar ve yüksek ağızlı kaplarda servis etmiş. Tilki, yemeği yiyebilmek için çok uğraşmış,

uğraşmış ama bir türlü başaramamış.

İşte o an Tilki, Leylek'e ne büyük bir haksızlık ettiğini anlamış ve ondan özür dilemiş. Bir daha da asla kurnaz ve sinsi planlar yapmamış.

YARAMAZ TEKİR

Tekir, yıllardır kovaladığı iki farecikle artık dost olmaya karar vermişti. Her fırsatta onlarla konuşup bu kovalamacayı bitirmeye çalışıyordu. Tekir, mavi gözlü, sevimli bir kediydi. Ama farecikler, Tekir'in büyük bir ağzı, sivri tırnakları olduğu için ondan korkuyor, hemen kaçmaya başlıyorlardı.

İki minik fare, o gün gölün kıyısına oyun oynamaya gitmişlerdi.

Tekir de meraklı bakışlarla farecikleri gözlüyordu. Fareciklerden biri elindeki çiçeği kardeşine götürüyordu. İkisi de öyle mutluydu ki...

Tekir yavaş yavaş onlara doğru yaklaşmaya başladı. Farecikler, Tekir'in o koca gövdesini gördüklerinde yine çok korkmuş, kaçmaya başlamışlardı. Tekir arkalarından bağırdı:
"Durun! Kaçmayın lütfen. Ben sizinle dost olmak istiyorum."

Fareler korkudan öyle hızlı kaçmışlardı ki Tekir'in söylediklerini duymamışlardı bile...
Tekir kendi kendine konuşmaya başladı:
"Onlarla dost olmam galiba mümkün olmayacak. Bundan sonra yakınlarına sokulup onları korkutmayacağım,
oyunlarını bozmayacağım. Kendi mutluluğum için onların mutluluğunu bozmaya hakkım yok."

SU PERİSİ

Bilinmeyen bir ülkenin geniş ormanlarının sonunda küçük bir kasaba varmış. Bu kasabada Elmas adında bir kız yaşarmış. Elmas hiç arkadaşı olmadığı için pek mutsuz, pek dertliymiş. Her gece yaşadığı evin yakınındaki nehrin kenarına oturur, ay ışığı altında nehre dertlerini dökermiş.

Bir gece gökte dolunay varken yine böyle dert yanmaktaymış. O sırada denizin üstünde hava kabarcıkları belirmiş. Kabarcıklar büyümüş, büyümüş, büyümüş...

Elmas merakla denize doğru eğilmiş; o anda yüzeye mavi saçlı, beyaz tenli çok güzel bir kız çıkmış. Elmas aniden kızı görünce irkilmiş, geriye doğru kaçmak isterken arkaya doğru düşmüş.

Mavi saçlı kız, onun bu ürkmüş hâline gülmüş. "Merhaba, benden korkmana gerek yok. Ben su perisiyim, adım Köpük."

"Su perisi mi?"

"Evet, biz suda yaşarız. İnsanlara fazla görünmediğimiz için bizim varlığımızdan haberdar değillerdir. Biz deniz canlılarına yardım ederiz." Köpük üzgün gözlerle Elmas'a bakmış. "Aylardır buraya gelip yalnızlığını, derdini denize anlatıyorsun. Her gece seni dinledim. Sana yardım etmek istedim ama bunun için dolunayı beklemem gerekti. Do-

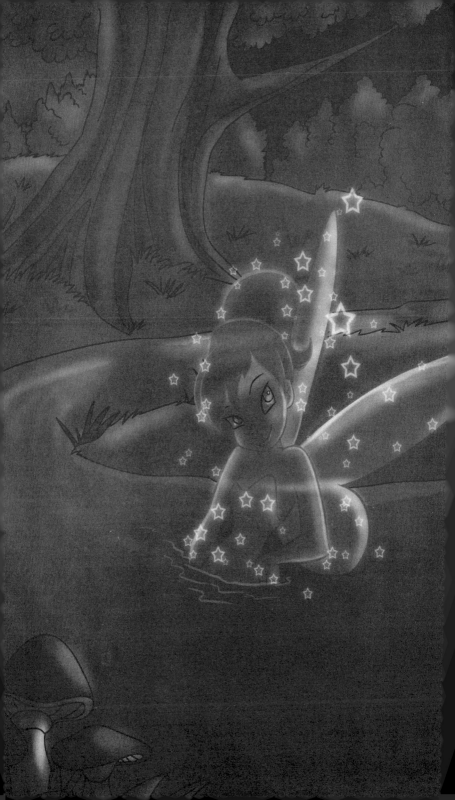

lunay vakti kendimizi insanlara gösterebileceğimiz tek zaman dilimidir."

Elmas, Köpük'ün samimi sözlerine çok sevinmiş. "Yani benim arkadaşım mı olacaksın?" diye sormuş umutla.

Köpük gülümsemiş. "Ama dediğim gibi ben yalnız dolunay vakti yanına gelebilirim. Bu yüzden seninle ancak dolunay gecelerinde buluşabiliriz."

Elmas, mavi saçlı kıza gülümsemiş. "Olsun, en azından her istediğimde olmasa bile belli zamanlarda görüşebileceğim, gülüp dertleşebileceğim bir arkadaşım olacak," demiş.

Elmas ve Köpük dolunay gökte kaybolana kadar sohbet etmişler. Zaman geçtikçe bu arkadaşlık ilerlemiş; Elmas, mavi saçlı kıza ormanları, yüksek dağları, mis kokulu çiçek-

leri ve karada yaşayan hayvanları anlatmış. Köpük de Elmas'a diğer su perilerinden, deniz canlılarından, yaşadığı maceralardan bahsetmiş.

Günler geçmiş, haftalar geçmiş... Elmas yine bir dolunay vakti deniz kenarına gitmiş. Saatlerce Köpük'ü beklemiş.

Tam artık ümidini yitirmişken denizin yüzeyinde kabarcıklar oluşmuş, hemen ardından da Köpük görünmüş. Nefes nefeseymiş ve telaşlı bir hâli varmış.

Elmas endişeli bir ses tonuyla, "Nerelerdeydin Köpük? Seni çok merak ettim. İyi misin?" diye sormuş.

"Ah Elmas! Bir bilsen başımıza neler geldi. Su perilerinin siyah incisi çalındı."

"Siyah inci mi?"

"Evet, siyah inci su perileri için çok değerlidir. Periler siyah incinin verdiği güçle deniz canlılarının iyileşmesine yardım eder. Siyah inci olmadan hiçbir şey yapamayız."

Köpük öyle mutsuz görünüyormuş ki Elmas'ın gözleri dolmuş. "Sana yardım etmek istiyorum. Elimden bir şey gelmez mi?"

Köpük olumsuz anlamda başını sallarken bir anda gülümsemiş. "Aslında var ama bunun için benimle gelmen gerek."

"Ama ben suyun altında nefes alamam."

Köpük, "Bekle beni, hemen geleceğim," diyerek suda gözden kaybolmuş. Birkaç dakika sonra geri geldiğinde elinde ufak, beyaz bir deniztarağı varmış. "Al bunu."

Elmas deniztarağına bakıp, "Nedir bu?" diye sormuş.

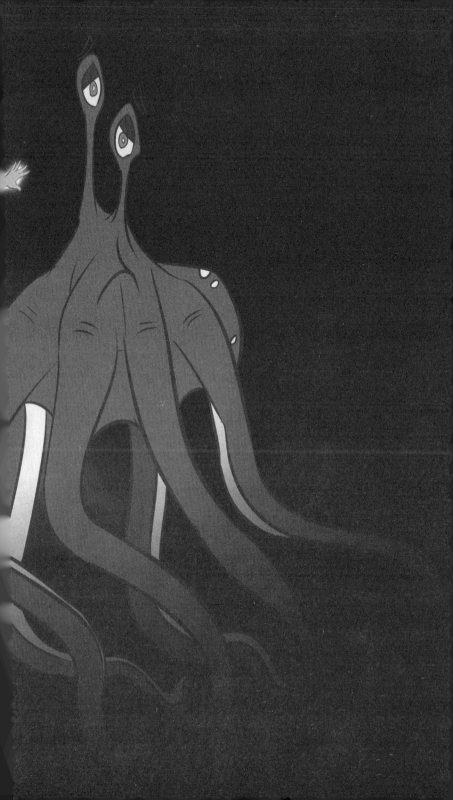

Köpük, "Deniztarağı, büyülü kayadan aldım. Onu burnuna doğru tutarsan oraya yapışacak ve denizde nefes almanı sağlayacak," demiş.

Elmas hiç düşünmeden deniztarağını burnuna doğru yaklaştırmış. Deniztarağı o anda burnuna yapışmış.

Köpük heyecanla, "Haydi gidelim, bir an önce siyah inciyi bulmalıyız," demiş ve suyun içinde kaybolmuş.

Elmas denize atlayıp Köpük'ü takip etmeye başlamış. Derinlere indikçe daha rahat nefes aldığını fark etmiş ve yaşadığı tedirginlik kaybolmuş.

Köpük, "Önce Bay Ahtapot ile konuşmalıyız. O, siyah inciyi korumakla görevlidir. Belki bize bir ipucu verir," demiş.

İki kız siyah incinin çalınmadan önce saklandığı Yosun Mağarası'na doğru yola çıkmış. Onları kapıda Bay Ahtapot karşılamış. Siyah inciyi koruyamadığı için öyle üzgünmüş ki ağlamaktan gözleri şişmiş.

Köpük, "Merhaba, Bay Ahtapot," demiş.

Bay Ahtapot, "Öyle üzgünüm ki. Nasıl oldu anlamadım. Önce mağarayı pembe bir sis kapladı. Sonra içim geçmiş. Uyandığımda siyah inci yoktu," diye ağlamaya devam etmiş.

"Pembe sis mi?" diye sormuş Elmas. "Sizi uyutan bu sis olabilir mi?"

"Evet, evet. Olabilir, haklısın. Pembe sisten sonra her şey karardı."

Köpük, "Pembe sise tek bir şey neden olabilir: Düş mantarları..."

"Düş mantarı mı?"

Köpük, Elmas'a dönerek, "Evet, düş mantarları kayaların açık denize açılan kısmında bulunur. Dışarıdan bir tehdit geldiğinde pembe bir sis yayarak tehlikeli canlıyı uyutur ve onun içeri girmesini engellerler."

Bay Ahtapot, Köpük'ün sözünü kesmiş. "Ama bu imkânsız! Kimse düş mantarının yanına yaklaşamaz. Yaklaşırsa sonsuz uykuya yatar."

Elmas düşünceli bir ifadeyle, "Demek biri yolunu bulmuş," demiş. "Bence düş mantarlarının olduğu yere gidip etrafa bir bakmalıyız. Belki bir ipucu buluruz."

Köpük, Elmas'a hak vermiş. Bay Ahtapot ile vedalaşıp yola çıkmışlar. Onlar uzaklaşırken Bay Ahtapot arkalarından bağırmaktaymış.

"Kendinize dikkat edin, kızlar! Düş mantarlarına giden yol çok tehlikelidir."

Bay Ahtapot'un bu sözleri Elmas'ı huzursuz etmiş. "Tehlikeli mi? Bay Ahtapot ne kastetti, biliyor musun, Köpük?"

Köpük, "Düş mantarlarına ulaşmak için dar bir patikadan geçmeliyiz... Bu patikanın etrafı dikenli sarmaşıklar ile kaplı."

Elmas, "Yani?" diye sormuş.

"Dikenli sarmaşıklar çok sinirli bitkilerdir. Etraflarında kimsenin olmasına tahammül edemezler. Yabancıları zehirli oklarını atarak savuştururlar."

Elmas korkuyla, "Zehirli oklar mı?" demiş. "Peki, bu oklardan nasıl korunacağız?"

Köpük çaresiz görünüyormuş. "Bilmiyorum, Elmas. Aklıma bir yol gelmiyor."

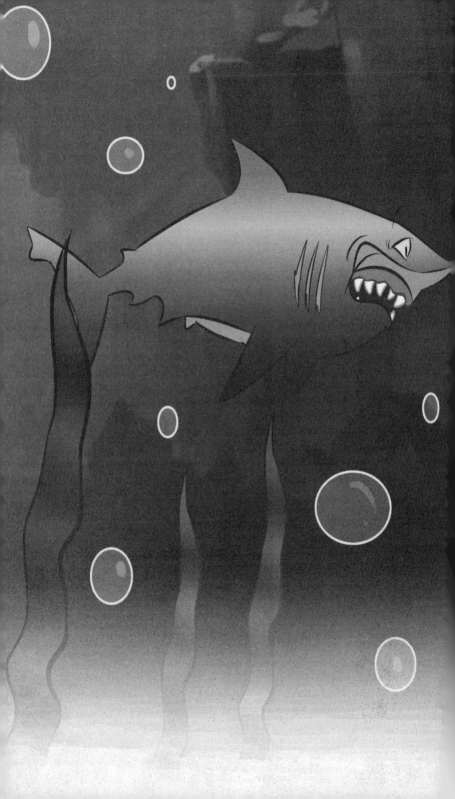

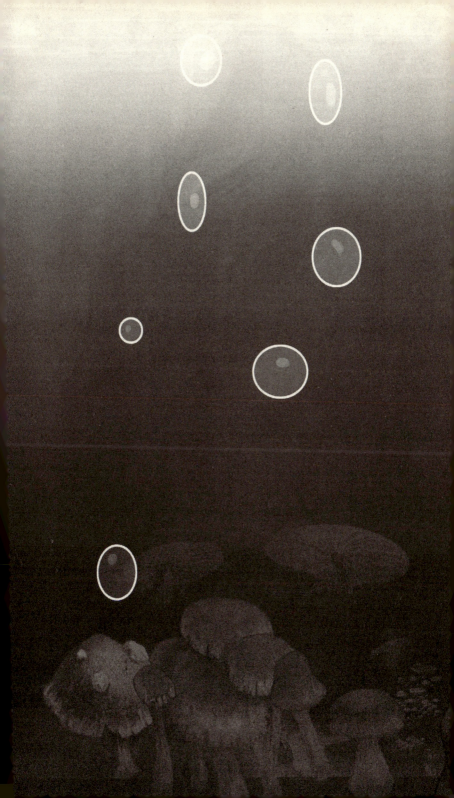

İki kız patikanın başına geldiklerinde kara kara düşünmeye başlamışlar.

O sırada bir ses duymuşlar. "Neden böyle üzgün duruyorsunuz, kızlar?"

Köpük ve Elmas panikle etraflarına bakmışlar. "Sen de kimsin? " demiş Köpük.

Yabancı, "Beni görebilmeniz için oturduğunuz yere bakmalısınız," dediği anda Elmas ve Köpük yerlerinden fırlamışlar. Meğer konuşan Şanslı Midye'den başkası değilmiş.

Köpük, nefesini bırakarak, "Şanslı Midye! Bizi çok korkuttun. Burada ne arıyorsun?" diye sormuş.

"İnci yapma zamanım geldi. Bu yüzden sakin bir yer arıyordum."

Elmas'ın o anda aklına bir fikir gelmiş. "Buldum!" diye bağırmış. "Şanslı Midye bizi patikadan geçirebilir. Zehirli oklar onun sert kabuğuna zarar veremez."

Köpük bu fikri çok akıllıca bulmuş. Şanslı Midye'ye siyah incinin çalındığını anlatmış ve ondan yardımını istemiş.

Şanslı Midye ağzını açmış, Elmas ile Köpük içeri girince ağzını sımsıkı kapayıp, koşmaya başlamış. Patikaya girer girmez dikenli sarmaşıklar Şanslı Midye'nin üzerine zehirli oklarını fırlatmışlar ama oklar sert kabuk karşısında kırılıyor, geri sekiyormuş. Şanslı Midye patikanın sonuna vardıktan sonra ağzını açmış. "Patikadan daha önce hiç geçmemiştim. Yol ne kadar da kötüydü. Sanki daha önce bir deniz köstebeği geçmiş. Kızlar, sizi burada bekleyeceğim," demiş.

İki kız, yola koyulmuşlar. Biraz ilerlemişler ki pembe bir sis yayılmaya başlamış.

Köpük korkuyla, "Düş mantarları!" diye bağırmış. "Eğer pembe sisi solursak hemen uykuya dalarız."

Elmas hızla ilerlemeye devam etmiş. "İleride büyük bir çukur var. Sanırım biri düş mantarlarından birini söküp yanında götürmüş."

Köpük, "Bu mümkün değil! Onu taşıyan kişi pembe sise maruz kaldığı an uyur. Artık dönmeliyiz. Sis gittikçe yayılıyor," demiş. Arkasına dönüp yürümeye başladığı sırada yosunların arasında insanların giydiği bir deniz başlığı görmüş. "Elmas bir şey buldum!" diye seslenmiş.

Elmas koşarak arkadaşının yanına gelmiş. "Bu bir deniz başlığı. İçeriye su girmesini engelleyerek insanların nefes almasını sağlar." Elmas biraz düşündükten sonra, "Siyah inciyi alan kişinin düş mantarını nasıl taşıdığını anladım! Ama önce buradan kurtulmalıyız," demiş. İki kız hızla patikaya doğru koşmuşlar. Pembe sis arkalarından onları takip etmekteymiş.

Şanlı Midye patikanın başında onlara sesleniyormuş. "Koşun, kızlar. Daha hızlı!" Kızlar yaklaşınca Şanslı Midye ağzını kocaman açmış. Elmas ve Köpük, Şanslı Midye'nin ağzına atladıktan sonra midye hızla patikada yol almaya başlamış. Kısa süre sonra patikadan çıkmışlar.

Elmas, Şanslı Midye ve Köpük'e düşündüklerini anlatmaya başlamış. "Düş mantarına ulaşmak isteyen kişi önce dikenli sarmaşık-

ları geçmeliydi.

Bunun için ya sert kabuklu olacak, ya bizim gibi, bir canlıdan yardım alacak ya da yerin altından gidecekti. Şanslı Midye, sen farkında olmadan bize cevabı söyledin. Yol sanki yakın zamanda bir köstebek geçmiş gibi bozuktu çünkü..."

Köpük, Elmas'ın ne demek istediğini o anda anlamış ve onun sözünü tamamlamış. "Çünkü yoldan bir köstebek geçti. Yerin altından gittiği için dikenli sarmaşıklar onu fark etmedi..." Köpük duraklamış. "Peki, düş mantarını nasıl çaldı?"

Elmas heyecanla atılmış. "Anlasana Köpük! Ben burada nasıl nefes alıyorum?"

Köpük ona, "Burnundaki deniztarağı ile," diye cevap vermiş.

"Peki, bu deniztarağını takan sen olsaydın, ne olurdu?"

"Karada nefes alabilirdim... Bir dakika, sanırım anladım. Köstebek deniztarağını burnuna takar ve böylece karada nefes alma özelliği kazanır. Denizde hareket edebilmek için de dalgıçların giydiği başlığı takar. Böylece pembe sis onu etkilemeyecektir."

Elmas neşeyle gülmeye başlar. "Evet, siyah inciyi çalan bir deniz köstebeği."

"Buralarda oturan tek bir köstebek var. Siyah Kuyruk!"

Üç arkadaş, Siyah Kuyruk'un evine varınca pencereden içeri bakmışlar ve Siyah Kuyruk'un siyah inci ile uyuduğunu görmüşler. Elmas sessizce pencereden içeri süzülmüş, Siyah Kuyruk'un yanına gidip elinden siyah inciyi almış. O anda Siyah Kuyruk uyanmış ve karşısında Elmas'ı görünce bağırmaya başlamış. "Ver onu bana!"

Köpük, "O sana ait değil, onu bizden çaldın."

Siyah Kuyruk korkuyla olduğu yerde büzülmüş. "Niyetim kötü değildi. Oğlum hastalanmıştı. Onu iyileştirebilmek için siyah inciye ihtiyacım vardı. Yerine geri koyacaktım."

Köpük, "Siyah inci sende olsa bile oğlunu iyileştirmen mümkün değil. Bunu yalnızca biz su perileri yapabiliriz" diye çıkışmış köstebeğe.

Siyah Kuyruk köşesinde iyice ufalmış.

Köpük, Siyah Kuyruk'u bir süre daha azarlamış. Sonra köstebeğin oğlunun odasına gidip onu tedavi etmiş.

Siyah Kuyruk, su perilerine güzel bir mağara yapmakla cezalandırılmış.

Köpük ve Elmas inciyi teslim ettikten sonra denizde oyunlar oynamışlar. Elmas'ın pek çok arkadaşı olmuş. Dolunay çıktığında Köpük ile beraber su yüzeyine çıkmışlar. Köpük, "Bu deniztarağı sende kalsın. İstediğin vakit bizi ziyaret edebilirsin. Yardımların için teşekkür ederim. Sen olmasaydın siyah inciyi asla bulamazdık."

Elmas neşeyle arkadaşına sarılmış. "Ben teşekkür ederim, Köpük. O gece karşıma çıkıp benimle arkadaş olduğun için çok mutluyum."

Elmas o günden sonra sık sık su altına yolculuklar yapmış. Köpükle dostlukları bir yaşam boyu devam etmiş.

PRENS YUNG

İyilik, güzellik yıldızlar gibi ışır
Parıldar insanlığın gökyüzünde
Barış, kardeşlik bir aydır
Şakır durur mutluluğun özünde
Ya doğruluk,
O batmayan sımsıcak bir güneştir.
Bir varlığın "insanlık" kanıtıdır
Bitmeyen gündüzünde...

İnsan on çağ, yüz çağ, bin çağ öncesinde de mutlu bir yaşamın insanca davranışlarla kazanılacağına inanırmış. Bu insanca davra-

nışlar; iyilik, merhamet, yardımlaşma, sevgi, saygı ve daha pek çok güzel değerlerin hayata geçirilmesi demekmiş. Ama tüm bu güzelliklerin içinde inci gibi parıldayan bir değer varmış ki onun adı "doğruluk"muş; çünkü insanların kardeşçe bir arada yaşayabilmesi, adaletin egemen olması ile mümkünmüş. Adalet ise ancak doğruluk toprağında boy verebilen güzel, benzersiz bir çiçekmiş...

İşte bu çağda, bir ülkede yaşlı bir kral varmış. Kral, insanlık değerlerinin tümüne hayranmış da doğruluğa bir başka sevdalıymış. Uzun yıllar ülkesini doğrulukla, adaletle yönetmiş ve halkı tarafından çok sevilmiş. Ama yaşlanmış artık. Kendisinden sonra ülkeyi yönetecek olan bir kralın tahta çıkması gerekiyormuş.

Kader bu ya, hiç de çocuğu yokmuş kralın. Bunun için de kendinden sonra kral olacak kişiyi halk arasından seçmesi gerekiyormuş. Bizim kral günlerce düşünmüş seçim yapmak için. Nasıl bir seçim yapmalıymış ki en doğru kişiyi bulabilsin? Sonunda, aklına bir fikir gelmiş. Ülkenin tüm çocuklarının saray bahçesinde toplanmalarını istemiş. Bir gün sonra da saray bahçesinde yüzlerce, binlerce çocuk toplanmış.

Kral, çocukların önünden tek tek geçerek her birinin avucuna minik bir şey koymuş. Sonra şöyle demiş:

"Size birer çiçek tohumu veriyorum çocuklar. Evinize gidip bu tohumları saksınıza dikin. Bir ay sonra bana en güzel çiçeği kim getirirse, ülkenin benden sonraki kralı o olacak."

Çocuklar, sevinçle evlerine koşmuşlar. Annelerinden saksı alıp kralın verdiği tohumu saksıya ekmişler. Sulamışlar, gübrelemişler ve tüm dikkatlerini saksıda büyüyecek olan çiçeğe vermişler.

Bu çocukların arasında, bir de Yung adlı birisi varmış. O da annesinden bir küçük saksı alıp kralın verdiği tohumu ekmiş, sulamış ve beklemiş. Beklemiş ama aradan on gün geçmesine rağmen, saksıda bir filiz gözükmemiş.

Yung üzülmüş. Yanlış bir şey yaptığını düşünerek annesinden başka bir saksı almış. Ona değişik bir toprak koyup tohumu yeniden ekmiş. Sulamış, gübrelemiş ve beklemiş. Ama yok, yok! Aradan bir on gün daha

geçmiş ve saksıda yine filiz gözükmemiş. Yung'un da artık yapacak bir şeyi kalmamış. Verilen bir aylık süre dolmuş ve saksısını kapan çocuk yeniden saraya koşmuş. Saksılar binbir renkli, binbir kokulu çiçeklerle doluymuş. Kiminde kan rengi gelincik, kiminde can kokulu gül, kiminde karanfil, kiminde de ak duvaklar benzeri bembeyaz papatyalar varmış. Kral yine tek tek önlerinden geçmiş çocukların. Birine "Aferin!" demiş, öbürüne "Çok güzel!" bir başkasına da "Bravo!" Hepsini tek tek övdükten sonra gerilerde, elindeki boş saksıyla dikili duran Yung'un önüne gelmiş. "Senin saksın neden boş çocuğum?"
Yung utançla boynunu bükmüş.
"Verdiğiniz tohumu özenle ektim, suladım, gübreledim. Ama olmadı. Bununla da yetin-

medim, saksı ve toprağını bir süre sonra değiştirdim. Yine çiçek alamadım. Sanırım bir hata yaptım kralım. Ama nerede, nasıl yaptım, anlayamadım. Beni bağışlayın lütfen!"

Kral gülümsemiş, uzanıp yanağını okşamış Yung'un.

"Üzülme çocuğum," demiş. "Çünkü benden sonra bu ülkenin kralı sen olacaksın."

Herkes donup kalmış bu karar karşısında. Kralın en yakın adamlarından biri dayanamamış sormuş:

"Bağışlayın ama kralım, onca güzel çiçek dururken, siz neden çiçeksiz boş bir saksı getiren çocuğu seçtiniz?"

Kral zekice gülmüş:

"Çünkü bana en güzel çiçeği boş saksı içinde bu çocuk getirdi."

Kralın yardımcısı daha bir şaşırmış, boş boş bakmış. Ama kral devam etmiş:

"Aslında bütün saksıların çiçeksiz ve boş olması gerekirdi. Çünkü ben çocuklara, çiçek tohumu diyerek kara boncuklar dağıtmıştım bir ay önce. Hepsi yalan söyledi, bir tek bu çocuktan başka... Bu yaşta bu kadar doğru olan bir insan, büyüyüp kral olduğunda, ülkesi üzerinde bir adalet güneşi gibi parlar. Anladın mı şimdi?"

Yardımcısı, bu kez anlamış. Anlamış da böyle yüce ahlâk ve üstün akılla donanmış bir kralı olduğu için gözlerinden boncuk gibi yaşlar dökmüş.

PİSİCİK

Pisicik çok güzel bir kedicikti. Kahverengi beyaz tüyleri pamuk gibiydi.

Koyu renkli, yuvarlak gözleri ve yüzünü güzelleştiren pembe bir burnu vardı.

Bütün bu güzellikleri, Pisicik'i evin gözdesi yapmaya yetmişti. Yaşadığı evdeki herkes kısa sürede onu çok sevmişti; herkesin ilgisi onun üzerindeydi. Ev sakinleri gelir gelmez hemen yanına gider, Pisicik'i sevip okşardı. Herkesin ayaklarına dolaşır, omzuna kadar tırmanırdı.

Evin küçük çocuğu okuldan eve geldiğinde hemen çantasını bir kenara bırakır, onunla oyunlar oynardı. İkisinin de en sevdiği oyun, yumak kovalamacaydı.

Bu oyunu oynadıklarında hem onlar çok mutlu olur hem de evdekiler onlara bakıp bakıp gülüşürlerdi.

Bütün bu ilgi Pisicik'i şımartmıştı. "Bu evdeki herkes beni çok seviyor, bensiz yapamıyor. Artık onların istediği zaman değil, benim istediğim zaman oyunlar oynayacağım. Onların istedikleri değil, benim istediğim oyun oynanacak," diyordu kendi kendine.

Ama Pisicik'in bu şımarıklığı onu sevimsizleştirmişti. Evdekiler artık eskisi gibi onunla ilgilenmiyor, tabağına sütünü koymayı bile unutuyorlardı. Hatta bir gün tüm bir gece boyunca aç kalmıştı Pisicik. O gece bütün geçmiş günleri düşündü ve kendi kendine şöyle dedi:

"Onlar beni bu kadar severlerken ben şımardım. Yarından itibaren yine eski günlere dönmek için elimden geleni yapacağım, hepsinin sevgisini yeniden kazanacağım."

MİNİK SİNCAP'IN MACERALARI

Ucu bucağı olmayan büyük bir ormanda Minik Sincap her sabah yaşadığı ağacın en yüksek dalına çıkar, ormanın bitiminde ne olduğunu merak edip uzaklara dalarmış. Bir gün dayanamamış, vurmuş kendini yollara. Onu gören bilge karga seslenmiş.

"Hayırdır, Minik Sincap? Nereye gidiyorsun böyle hızlı hızlı?"

"Ormanın sonunda ne olduğunu görmeye gidiyorum."

"Ormanın sonuna mı? Neden?"

"Yeni yerler görmek, ormanın dışında neler olup bittiğini öğrenmek istiyorum."

Bilge Karga, Minik Sincap'ı uyarmış. "Ormanın sonu, ormanın en karanlık yeridir. Rivayete göre karanlığın içinde büyük bir yılan yaşarmış. Kim onun bölgesine girerse gözleriyle onu taşa çevirirmiş."

Minik Sincap, Bilge Karga'nın sözlerine inanmamış. "Bunları sen nereden biliyorsun?" diye sormuş.

"Bir çekirge üç gün önce bir köpeğin taşlaşmış halini görmüş. Karanlığın içinden bir yılan tıslamasına benzer ses geliyormuş."

Minik Sincap, "Taşlaşan o hayvanlara yardım edemez miyiz?" diye sormuş.

Bilge Karga, "Yılan ağladığı vakit taşlaştır-

dığı tüm hayvanlar tekrar canlanacakmış," diye cevap vermiş.

Minik Sincap heyecanla, "O zaman bir an önce gidip onları kurtarmalıyız," demiş.

Bilge Karga üzüntüyle başını sallamış. "Yılan şimdiye kadar hiç ağlamamış."

O sırada ağaçların arasından bir ceylan belirmiş. Minik Sincap umutla, "Ceylan kardeş, bu dünyada seni en çok ne ağlatır?" diye sormuş.

Ceylan bu soru karşısında şaşırmış ama Minik Sincap öğrendiklerini uzun uzun anlatınca o da taşlaşmış hayvanlara yardım edebilmek için kafa yormuş. "Sevdiklerim zarar görürse çok ağlarım," demiş.

Bilge Karga, "Yılan yalnız bir hayvan. Kimsesi yok. Hem başkalarına zarar vermemeliyiz. İyi niyetimizi kötü yollarla gerçekleştiremeyiz," demiş.

"Haklısın, aslında yalnız olduğunu öğrenince yılan için üzüldüm. Ben yalnız olsam kendimi terk edilmiş hissederdim ve yanımda birilerinin olması için elimden geleni yapardım..."

Ceylanın sözleri karşısında Minik Sincap yılanla ilgili bir şeyi fark etmiş. Bilge Karga'ya dönerek, "Olaya hep yılanın kötü bir hayvan olduğuna inanarak baktık. Ama gerçek öyle değil..." demiş ve hızla yürümeye başlamış.

Ceylan, "Nereye gidiyorsun?" diye sormuş.

"Ormanın sonuna, yılanı bulmaya," demiş Minik Sincap.

Bilge Karga ve Ceylan şaşırmışlar ama yine

de onu takip etmişler. Yolda giderlerken Minik Sincap yolda gördüğü mis kokulu çiçekleri toplayıp güzel bir buket yapıyormuş. Sonunda ormanın en karanlık bölgesine gelmişler. Etraf öyle sessizmiş ki kendi nefesleri dışında hiçbir şey duyulmuyormuş.

Bir süre sonra pek çok hayvanın taşlamış heykellerinin olduğu bir çayıra gelmişler. Çayırın ilerisinde bir mağara varmış. Birkaç dakika konuşmadan yılanı beklemişler. Kimseyi göremeyince Minik Sincap tüm gücüyle bağırmış. "Yılan kardeş!"

Önce hafif bir tıslama sesi duyulmuş. Ardından mağaranın içinden büyük bir yılan çıkmış. Yılan şaşkınlıkla üçüne bakmış. "Burada ne işiniz var? Benim sizi taşa çevirebileceğimi bilmiyor musunuz?"

Minik Sincap buketi yılana uzatarak, "Biliyoruz," demiş. "Ama yine de seni görmek istedik. Yalnız olduğunu öğrenince belki seninle arkadaş olabiliriz diye düşündük. Benim adım Minik Sincap, bunlar da arkadaşım Bilge Karga ve Ceylan. Senin adın ne?"

Yılan buketi sessizce almış. Hâlâ çok şaşkınmış. Tereddüt içinde, "Adım Zümrüt," demiş. "Benden korkmuyor musunuz?"

"Hayır, senden korkmuyoruz. Aslında hayvanları neden taşa çevirdiğini çok iyi anlıyoruz. Öyle yalnızsın ki diğer hayvanların yanında kalmasını sağlamak için onları taşa çeviriyorsun, değil mi?"

Minik Sincap'ın sözleri karşısında Zümrüt'ün gözleri dolmuş. Büyük bir üzüntüyle, "Evet, diğer hayvanlarla sohbet etmek, oynamak istiyorum. Ama hepsi benden korkup kaçıyor," demiş.

Bilge Karga yumuşak bir sesle, "Bu davranışlarını yine de haklı göstermez," demiş.

Zümrüt, "Haklısın, bencilce davranıp onlara zarar verdim," diyerek ağlamaya başlamış. O anda büyü bozulmuş ve taşa çevrilmiş tüm hayvanlar canlanıvermiş. Yılanı tekrar karşılarında görünce panikle kaçmaya başlamışlar. Zümrüt, hayvanların bu tavrına pek üzülmüş ve daha çok ağlamaya başlamış. Minik Sincap, Zümrüt'e sarılıp onu teselli etmeye çalışmış. Ceylan da kaçışan hayvanların arasında koşup bağırıyormuş. "Durun, beni dinleyin. Zümrüt çok üzgün. Amacı size zarar vermek değildi. Bekleyin..."

Hayvanlar bu sözler karşısında durup Zümrüt'e bakmışlar, onun ağladığını görünce çok şaşırmışlar.

Zümrüt, "Yaptıklarım için hepinizden özür dilerim. O kadar yalnızdım ki yanımda birileri olsun istedim. Yine de bu, yaptıklarımı haklı göstermez. Çok pişmanım," demiş. Hayvanlar, Zümrüt'ün samimi tavrını görünce onu teselli etmeye başlamışlar.

Köpek, "Biz de hatalıyız. Sana karşı ön yargılı davrandık. Hiç tanımadan senin kötü olduğunu düşündük ve seni yalnız bıraktık. Biz de özür dileriz," demiş. Diğer hayvanlar da köpeğin sözlerine katılmış.

Zümrüt hayvanların iyi niyeti ve affediciliği karşısında çok mutlu olmuş. Her birinden tek tek özür dilemiş ve onlara sarılmış.

O günden sonra Zümrüt'ün pek çok arkadaşı olmuş. Tabii en iyi arkadaşı ona ilk defa iyi niyetle yaklaşan Minik Sincap imiş.

ANNE CİVCİV

Anne tavuk günlerdir kuluçkada üzerlerine oturduğu dört yumurtasının çatlamasını sabırla bekliyormuş. Ancak bir yumurta varmış ki o, anne tavuk kadar sabırlı değilmiş. Diğer yumurtalardan önce çatlayıp kırılmış. Anne tavuk, yumurtanın içinden çıkan bu civcivde bir farklılık olduğunu hemen anlamış.

Diğer üç yumurta da çatlayıp içinden civcivler çıkınca düşüncesinde haklı olduğunu fark etmiş. Sonradan çıkan üç civciv anne

tavuğun yanından hiç ayrılmazken ilk doğan civciv onlardan ayrı geziyor, merak ettiği şeylerin yanına gidip onları uzun uzun inceliyormuş. İlk başta anne tavuk yavrusunun yanından ayrılmasından tedirgin olsa da sonraları bu duruma alışmış.

Bir gün minik civciv yine tek başına dolaşmaya başlamış. Derken, kocaman bir bina ile karşılaşmış. Burası, yaşadıkları kümes denen yere hiç benzemiyormuş. Önünde durduğu binanın insanların içinde yaşadığı ve ev dedikleri yer olduğunu anlamış.

Eve iyice yaklaşıp pencerenin pervazına çıkmış. İçeriyi seyretmeye öyle dalmış ki kendisini yakalamak için sinsice yaklaşan kediyi fark etmemiş. Kedi, tam civcivi yakalamak için koşmaya başladığında acıyla bağırmış.

Ardına bile bakmadan kaçan kediyi görünce minik civciv pek şaşırmış. Neler olduğunu bir türlü anlayamamış.

Sonra arkasında bir yabancının durduğunu fark etmiş. Yüksek sesle, "Kümesinden uzakta, tek başına burada ne arıyorsun?" demiş yabancı. Konuşan, çiftliğin horozundan başkası değilmiş ve çok kızgın görünüyormuş.

Minik civciv parlak tüylü, uzun boylu, iri gövdeli horozu görünce önce korkmuş. Horozun onu kediden kurtardığını anlayınca bu korku yerini minnete ve hayranlığa bırakmış. Horoz, civcivi biraz daha azarladıktan sonra, "Bir daha tek başına gezmek yok... Şimdi doğru kümesine... Marş marş!" diye gürlemiş.

Birkaç gün sonra minik civciv, gün doğmadan bir sesle uyanmış. Kümesten çıkıp sesin geldiği tarafa gidince gözlerine inanamamış. Daha önce kendisini azarlayan horoz yüksek bir yere çıkmış, gür sesiyle, "Ü ürü üü!" diye ötüyormuş. Bu ötüş; tüm çiftlik hayvanlarını uyandıran, onlara işe başlamalarını söyleyen ötüşmüş.

Minik civciv horozdan öyle etkilenmiş ki sık sık horoz gibi kabarıyor, o zayıf sesiyle, "Ü ürü üü!" diye ötmeye çalışıyormuş. Bunu yaparken öyle komik oluyormuş ki başta kardeşleri olmak üzere herkes gülmekten kırılıyormuş.

Bir gün minik civciv kararlı adımlarla annesinin yanına giderek, "Ben büyüyünce o horoz gibi olmak istiyorum," demiş.

Annesi yavrusunun sözleri karşısında öyle şaşırmış ki bir süre konuşamamış. "Bir horoz mu olacaksın?" demiş sonunda.

"Evet, horoz olacağım ve her sabah tüm gücümle ötüp herkesi uyandıracağım."

Annesi, "Ama yavrum, senin horoz olman imkânsız," demiş.

"İmkânsız mı? Neden ama?" demiş minik civciv üzüntüyle. "Çünkü sen dişi bir civcivsin. Büyüyünce benim gibi yumurta veren bir tavuk olacaksın," diye açıklama yapmış ona annesi.

İlk başta civciv çok üzülmüş ancak biraz daha düşününce, "Civcivlerimin olması da güzel aslında," demiş.

Aylar geçmiş, minik civciv büyümüş ve annesi gibi güzel bir tavuk olmuş. Ne tuhaftır ki kardeşlerinin üçü de horozmuş. Bir süre sonra o da annesi gibi yumurtlamaya başlamış. Hemen yumurtalarının üstüne kuluçkaya yatmış.

Üç yumurtasını da korumak için onları sarıp sarmalamış. Civcivleri yumurtaların içinde üşümesin diye üstlerinden hiç kalkmamış.

Derken yumurtalar çatlamaya başlamış. İlk civcivlerini görmek için sevinç ve heyecanla beklemeye başlamış.

Yumurtadan çıkan ilk civciv tıpkı annesi gibi, "Cik cik!" ötmeye başlamış. Sonra diğer yavrular da yumurtalarını kırıp dünyaya merhaba demişler. Yeni anne, 'Minik bir civcivken horoz olmak istemiştim. Oysa anne olmak dünyanın en güzel şeyiymiş,' diye düşünmüş. Artık her gün peşine takılan, yanından hiç ayrılmayan üç küçük civcivi varmış. Onlarla birlikte geziyor, oynuyor ve tüm bildiklerini onlara da öğretiyormuş. Küçükken horoz olmak için nasıl kabarıp öttüğünü yavrularına anlatıp beraberce gülüyorlarmış.

Aylar sonra civcivleri büyümüş, birer yetişkin olmuşlar. Yavrulardan ikisi kendisi gibi tavuk olmuş. Diğeri ise bir zamanlar hayran olduğu horoza dönüşmüş. Şimdi her sabah mutlulukla yavrusunun görkemli ötüşünü dinliyor, onu izliyormuş.

SIRMA'NIN SEPETİ

Sırma, sarı sepetine topladığı rengarenk çiçekleri hayranlıkla izliyordu. Sabah erkenden kalkmış, en muhteşem çiçekleri bulmak için ormanın diğer tarafına gitmişti. Özenle seçtiği çiçeklerle sepetini doldurmuştu. Ayrıca çiçeklerin yanına büyükannesinin çok sevdiği çikolatalardan da koymuştu.

Çünkü bugün büyükannesini ziyaret edecekti. Küçük kedi, sepetini alıp gitmek için sabırsızlanıyordu. Sarı benekli kelebek, sepetin sapına konarak: "Gördüğüm en güzel çiçekleri toplamışsın, Sırma," dedi.

Arkadaşının söylediği sözler, kediciğin çok hoşuna gitmiş ve biraz da gururlanmıştı.

Sırma:

"Mor, mavi, kırmızı renkler... Sanki gökkuşağını sepetime sığdırmışım," diye geçiriyordu aklından ve neşeyle gülümsüyordu.

Sonra kelebeğe dönerek:

"Hemen yola koyulmak için acele etmeliyim. Bana katılmak ister misin?" diye sordu.

Sarı benekli kelebek, Sırma'nın teklifini memnuniyetle kabul etti.

Ve yolda karşılaştıkları kırmızı kelebek de onlara katıldı. Böylece onlar da sepet gibi rengarenk bir takım oldular.

İKİ KIZ KARDEŞ

Çok eski zamanın uzak bir ülkesinde, iki kızı olan dul bir kadın yaşarmış. Kocasının vakitsiz ölümüyle kızlarını babasız büyütmek zorunda kalan bu kadın, ne yazık ki onlara eşit davranmamış. Kendine huy ve biçim olarak çok benzeyen büyük kızını daha çok sever, eline iş sürdürtmezmiş. Bütün ev işlerini, ölen babasına benzeyen küçük kızına gördürürmüş. Bu da yetmezmiş gibi evden epeyce uzakta bulunan çeşmeden de koca

bir testiyle günde üç kez su getirtirmiş. Büyük kız bu ayrıcalıklı davranıştan ötürü kasım kasım kasılır, huysuzluklarına her gün bir yenisini eklermiş. Küçük kız ise hâlinden şikâyet etmez, kendisine verilen her işi canla başla yerine getirmeye çalışırmış.

Bir gün yine testiyle su almaya gitmiş küçük kız. Çeşmede testisini doldururken yanına çirkin, kambur ve ihtiyar bir kadın yanaşmış. "Çok susadım kızım. Testinden bana biraz su verir misin?" diye sormuş.

Kız testiyi ihtiyar kadının ağzına götürmüş, kolay içmesini sağlamak için de ağır ağır yukarıya kaldırmış. Yaşlı kadın suyu kana kana içmiş, derin bir "Ohhh!" çektikten sonra, "Sen çok iyiliksever bir kızsın. Bu iyiliğin karşılıksız kalmayacak. Seni ödüllendirece-

ğim. Bundan sonra ağzını her açışta inciler, elmaslar ve çiçekler dökülecek," demiş.

Meğer bir periymiş yaşlı kadın. Kıza bunları söylemiş ve uzaklaşıp gitmiş.

Kız testisini yeniden doldurmuş ve eve gelmiş. Annesi, geciktiği için azarlamış kızını. O da, "Anneciğim, çeşmede yaşlı bir kadın gördüm. Benden su istedi..." diye anlatmaya başlamış gecikme sebebini. Başlamış ama konuşmak için açılan ağzından inciler, elmaslar ve çiçekler dözüyormuş yerlere. Kadın durumu görünce heyecanlanmış, olanları anlayıp büyük kızını çağırmış:

"Çabuk testiyi al ve çeşmeye git. O yaşlı kadına sen de su ver. Senin de ağzından inciler, elmaslar dökülsün kızım," demiş. Büyük kız testiyi alıp çeşmeye koşmuş ve kendisinden su isteyecek olan o yaşlı kadını beklemeye başlamış. Ama az sonra, yaşlı ve çirkin kadın yerine genç ve çok güzel bir kadın gelmiş çeşmeye. Büyük kız böyle bir kadının varlığından rahatsız olmuş. Çünkü kıskanmış kadını. Onu görmezden gelmiş. Kadın büyük kıza yaklaşmış, yumuşak bir sesle rica etmiş:

"Bana testinle biraz su verebilir misin?"

Kız öfkeyle karşılık vermiş:

"Eğil, kendi suyunu kendin iç! Benim acelem var!"

Kadın, meğer küçük kardeşten de su isteyen periymiş. Ama büyük kızı sınamak için kılık değiştirmiş. Aldığı bu cevap üzerine şöyle demiş büyük kıza:

"Bu kötülüğün karşılıksız kalmayacak. Bundan sonra ağzını her açışta kötü kokular yayılacak ağzından!"

Kadın, sözleri bitince uzaklaşıp kaybolmuş. Annesi merak ve heyecanla evde kızını bekliyormuş. Gelince de sabırsızlanıp sormuş.

"Ne oldu kızım? Peri senden de su istedi mi?"

Kız olanları anlatmak için ağzını açmış ve o anda kötü kokular yayılmış ağzından. Anne öfkesinden tepinmiş ve bu kötü sonuçtan küçük kızını sorumlu tutarak onu evden kovmuş.

Küçük kız ağlaya ağlaya yakındaki ormana gitmiş, bir ağacın dibinde oturarak düşünmeye başlamış.

O gün, ülke kralının oğlu olan prensin av günüymüş. Prens, atı üzerinde oradan geçerken kızı görmüş ve merak edip sormuş:

"Hayrola güzel kız? Bu ıssız ormanda böyle tek başına ne arıyorsun? Bir derdin, bir sıkıntın mı var?"

Kız prense cevap vermek için ağzını açınca inciler, elmaslar ve çiçekler dökülüp etrafa saçılmış. Prens o anda büyülenmiş, aşık olmuş kıza. Kızı atının arkasına atmış ve kral babasına götürüp onunla evlenmek istediğini söylemiş. Kral, oğlunun isteğini severek kabul etmiş.

Kız, prensle evlenerek ülkenin prensesi olmuş. Mutluluk içinde uzun yıllar yaşamışlar. Annesi ve ablasına gelince... Onlar da kötülüklerinin cezasını, bir ömür boyunca kötü kokular arasında yaşamakla ödemişler.

TOP BÖCEĞİ İLE ARI

Top böceği, topladığı yiyecekleri top şekline getirerek, yuvarlaya yuvarlaya taşıdığı için bu adı almıştı. O gün yine bir sürü yiyecek bulmuş, ağır adımlarla topladıklarını yuvasına taşıyordu. Oysa çevredeki çoğu böcek topladıkları yiyecekleri birkaç kanat çırpışıyla rahatça yuvalarına taşıyabiliyordu. Top böceği, bir süre sonra yorulduğunu hissetti. Biraz dinlenmek için durdu ve yüzündeki teri sildi. O sırada, "Sen ne garip bir böceksin..." diyen bir ses duydu. Konuşan, çocuk yaştaki bir arıydı. Top böceği, "Ben de senin gibi böceğim," diye cevap verdi. Küçük arı, "Benim gibi değilsin. Uçmak yerine, o yiyecek topunu yuvarlıyorsun," dedi. Bu kadar ağır yiyeceği kanatlarıyla taşımasının imkânı olmadığını, tek çözümün yuvarlayarak taşımak olduğunu anlattı top böceği. Küçük arı, "Gördün mü işte! Garip bir böcek olduğunu sen de kabul ediyorsun," dedi. Sonra da kanatlarını çırptığı gibi havalanıp uçmaya başladı. "Böyle uçabilseydin, her şey daha kolay olurdu," diye konuşmaya devam etti küçük arı. Bir yandan da yaprakların, çiçeklerin arasından geçerek gösteriş yapıyordu. Top

böceği önce, "Şanslı bir böceksin," dedi. Sonra da, "Yaradılış gereği hepimizin farklı özellikleri vardır ve gün gelir birbirimize ihtiyacımız olur," diye devam etti. Genç arı ukala bir tavırla, "Ben de bu özellikler varken kimseye ihtiyaç duymam," dedi. Top böceği ona cevap vermeden yiyecek topunu taşımaya devam etti.

Güneş batmak üzereydi. Bu yüzden küçük arı hızla evinin yolunu tuttu. Ne var ki güçlü bir rüzgârın fırlattığı dal hızla arıcığa çarp-

tı. Zavallı arı yaralanıp yere düştü. Çarpan dal kanadını ve bacağını zedelemişti. Bir süre bağırarak yardım istedi ama kimseye sesini duyuramadı. Derken uzaktan geçen top böceğini gördü. Top böceği küçük arının sesini duymuş, ona yardıma gelmişti. "Diğer kanatlı böcekler gibi işimi erken bitirip evime gitmediğim için çok şanslısın," dedi. Taşıdığı yükü bir kenara bırakan top böceği, yaralı arıyı sırtlayıp onu ailesine teslim etmek için yola koyuldu. Anne arı ile baba arı da çocuklarını aramaktaydılar. Top böceği küçük arıyı ailesine teslim edip evine gitti. Arıcığın iyileşmesi uzun sürmedi. Bu arada düşünmek için bolca vakti olmuştu. Top böceğine söyledikleri için çok pişmandı. İyileşince gidip top böceğinden

özür diledi ve ona bal ikram etti. Evine dönerken, "Top böceği haklıydı. Farklılıklarımız olabilir ama her an birbirimize ihtiyaç duyabiliriz," diye düşünüyordu.

SOLİST SERÇE

Tobi, bu sabah güzel bir melodiyle uyandı. Meraklı kedicik önce uykulu gözlerle etrafına baktı, etrafta kimseyi göremeyince telaşla ağaca tırmandı. Evet, yanılmamıştı. Bu solist serçe Pusi'ydi. Onun sesinin güzelliğini ormanda bilmeyen yoktu. Arkadaşı şarkısını bitirince Tobi, içtenlikle onu alkışladı: "Bravo! Bir daha bir daha söyle." Mavi minik serçe Pusi, biraz utandı. Ancak arkadaşının kendini beğenmesi de çok

hoşuna gitmişti. Tobi'nin ısrarlarına fazla dayanamayan küçük serçe, yeni parçasını söylemeye başladı.

Biraz sonra Tobi de şarkıya eşlik etti. Yaşlı ağaç, iki solisti birden ağırlamaktan çok memnundu. Karşı daldaki diğer bir izleyici olan arı Moli de çok eğleniyordu. Kendini müziğin ritmine kaptırmış durmadan dans ediyordu.

Bu mükemmel koro, tüm günlerini neşe içinde geçiriyordu.

KÖPEK PUDO VE KEDİCİK MAMİ

Şehir dışında küçük bir kasabada iki genç birbirini çok sevmiş ve sonunda evlenmeye karar vermişler. Delikanlının Pudo adında bir köpeği, genç kızın ise Mami adında bir kedisi varmış.

Delikanlı ve genç kız evlenince Pudo ve Mami beraber yaşamak zorunda kalmışlar. Pudo çok cana yakın bir köpekmiş. Yeni taşındığı mahallede de kendine hemen yeni

arkadaşlar edinmiş. Sahipleri işe gider gitmez evden çıkar, arkadaşlarıyla oyunlar oynar, sahipleri dönene kadar eve girmezmiş. Mami ise oldukça utangaç bir kediymiş. Pudo'yla arkadaş olmak istese de ona yaklaşmaya çekinirmiş. Pudo arkadaşlarıyla oyun oynamak için dışarı çıktığından tüm gün evde tek başına kalırmış.

Zaman geçmiş, yaz gelmiş. Pudo uzun tüylü olduğu için sıcaklardan pek bunalmış. Bunu hisseden sahibi bir gün Pudo'yu veterinere götürmüş ve tüylerini tıraş ettirmiş. Pudo'nun upuzun tüyleri kısacık kesilmiş.

Pudo, tüylerinden kurtulduğu için pek rahat etmiş. Artık eskisi kadar terlemiyor, bunalmıyormuş. Eve döndüğünde hemen arkadaşlarına koşmuş. Yeni görüntüsünü onlara

göstermek için çok hevesliymiş. Neşeyle arkadaşlarının yanına gidip, "Merhaba, arkadaşlar!" diye seslenmiş.

Arkadaşları Pudo'nun kısa tüylerini görünce gülmeye başlamışlar. "Pudo, bu halin ne? Pek komik olmuşsun," demişler.

Pudo utanarak, "Havalar çok sıcak. Tüylerim beni rahatsız ediyordu. Bu yüzden sahibim beni veterinere götürüp tıraş ettirdi," demiş.

Bu sözler üzerine arkadaşları daha çok gülmüş. Pudo, öyle üzülmüş ki ağlaya ağlaya eve koşmuş ve sahibinin odasına giderek yatağın altına saklanmış.

Mami, Pudo'nun eve erken gelmesine çok şaşırmış. Odaya girip yatağın yanına oturmuş. Onun ağlama seslerini duyunca daya-

namamış ve, "Pudo, ne oldu? Neden ağlıyorsun?" diye sormuş.

Pudo ağlayarak başından geçenleri Mami'ye anlatmış.

Pudo'nun sözleri bittikten sonra Mami, "Bence çok yakışıklı olmuşsun. Hem sağlığın için de iyi olmuş," demiş.

Pudo, Mami'nin sözlerine şaşırmış. Sevdiği arkadaşları onunla alay ederken daha önce hiç konuşmadığı, dışladığı Mami onu teselli ediyormuş. Gözlerindeki yaşları silerek, "Ben üzülmeyeyim diye böyle söylüyorsun," demiş.

Mami, "Hiç de değil! Sen de kendini daha rahat hissetmiyor musun? Hem tüylerin tekrar uzayacak. Bu kalıcı değil ki! Keşke benim de tüylerimi kesselerdi," demiş.

Mami'nin sözleri üzerine Pudo'nun keyfi yerine gelmiş ve Mami'ye hak vermiş. "Tüylerim kesilmeden önce çok bunalıyordum. Koşamıyor, hemen terliyor, yoruluyordum," demiş.

Mami ve Pudo tüm gün konuşmuşlar. Evde gülmüş, eğlenmişler. Pudo, Mami'yi tanıdıkça onu dışlayarak ne kadar yanlış davrandığını fark etmiş.

Ertesi gün Pudo'nun keyifli hâlini görünce sahipleri Mami'yi de veterinere götürmüş ve tıraş ettirmişler. Mami eve geldiğinde Pudo'ya dışarıda oynamayı teklif etmiş.

Pudo, arkadaşlarının tekrar kendisiyle alay etmelerinden korkmuş. Üzüntüyle, "Olmaz. Benimle tekrar alay ederler," demiş.

Mami, "Bu o kadar önemli mi?" diye sormuş. "Biz böyle mutlu ve rahatız. Neden başkalarının ne düşündüğünü önemseyerek kendimizi eve kapatalım ki?" demiş.

Pudo biraz düşününce Mami'ye hak vermiş ve güle oynaya dışarı çıkmışlar. Bahçede neşeyle gülüp oynamaya başlamışlar.

Pudo'nun arkadaşları sıcaktan bunalmış halde kaldırımda öylece oturuyorlarmış. Oynamaya bile halleri yokmuş.

Pudo ve Mami'yi görünce çok şaşırmışlar; çünkü daha önce bir köpekle kedinin oynadığını görmemişler. Pudo'ya, "Hey Pudo! Şu kısa tüylerinle zaten çok komiksin. Şimdi bir kediyle oynayarak daha da komik oluyorsun," demişler.

Mami, köpeklerin sözlerine çok içerlemiş. Pudo, Mami'nin üzüldüğünü görünce çok sinirlenmiş. Arkadaşlarına, "Tüyleriniz yüzün-

den hareket bile edemiyorsunuz. Ben ise tıraş olduğum için çok rahatım. Ayrıca size benzemeyenleri küçük görüyorsunuz. Oysa iyilik ve güzellik kalpte saklıdır, görünüşte değil!" diye bağırmış.

Mami'nin neşesi yerine gelmiş. "Onları dinleme, Pudo!" demiş.

Köpekler çok şaşırmışlar ve Pudo'nun sözlerini düşününce ona hak vermişler.

Ertesi gün Pudo ve Mami bahçeden kendilerine seslenildiğini duymuşlar. Dışarı çıktıklarında köpeklerin onları beklediklerini görüp şaşırmışlar.

Tüm köpekler tüylerini kısacık kestirmiş, neşeyle onlara bakmaktaymış. İçlerinden biri öne çıkıp, "Seninle alay etmemiz çok yanlıştı. Mami'yi dışlamamız da. Özür dileriz, bizi affeder ve bizimle tekrar arkadaş olur musunuz?" diye sormuş. "Hem dediğin gibi tüylerimiz kesilince kendimizi çok daha mutlu ve rahat hissediyoruz, artık beraber oynayalım mı?"

Mami ve Pudo, köpekleri affetmişler. O günden sonra hepsi çok iyi arkadaş olmuşlar ama Pudo ve Mami her zaman birbirinin en yakın arkadaşı olmuşlar.

SİNCAPLA CEYLANIN DOSTLUĞU

Ceylan ağacın yanında durmuş, elindeki kırmızı çiçekleri kokluyordu. Bugün onun doğum günüydü fakat minik sincaptan başka hiçbir arkadaşı kendisini tebrik etmemişti. Üzgün küçük ceylan, düşüncelere daldığı sırada bir ses duydu:

"İyi ki doğdun, Ceylan kardeş. Bu çiçekleri sana getirdim."

Fil Tigi, yeşil yaprakların arkasında durmuş, elindeki demeti kendisine uzatıyordu. Tigi'yi karşısında gören Ceylan, önce utandı sonra

sevinçle hediyesini aldı.

"Teşekkür ederim, çok naziksin. Sen iyi bir arkadaşsın, Tigi," diyerek elindeki kırmızı çiçekleri minik sincaba verdi. Ceylan ve Tigi birbirlerine verdikleri hediyelerle, aralarında güzel bir dostluk başlatmış oldular. Bu arada ormandaki diğer hayvanlar da bu güzel dostluğu doğum günüyle birlikte kutladılar.

SESLER YARIŞIYOR

Bilinmeyen bir ülkenin bilinmeyen bir köşesinde insanların hiç ayak basmadığı büyük bir orman varmış. Burada tüm hayvanlar barış ve mutluluk içinde yaşarmış. İlkbahar geldiğinde hayvanlar havanın ısınmasını küçük bir şenlik ile kutlamak istemişler.
Bu yüzden kendi aralarında ses yarışması yapmaya karar vermişler. En güzel şarkı söyleyen hayvan kralın sarayında bir gece konaklama hakkı kazanacakmış. Hayvanlar

el birliği ile sahneyi hazırlayıp süslemişler. İzleyenlerin oturması için de sahnenin karşısında ağaç kütüklerinden sıralar yapmışlar. Yarışmacılardan biri olan sırtlan sesinin güzel olmadığının farkındaymış. Kurbağayı ve ayıyı geçse bile bülbülün karşısında hiç şansı yokmuş.

Yarışmadan bir gün önce ödülü kazanmak için ne yapacağını düşünmeye başlamış. Sonunda aklına bir fikir gelmiş.

Koşarak ormanda papağanı aramaya başlamış. Papağan tüm sesleri taklit edebildiği için oy birliği ile yarışmaya alınmamış. Sırtlan dallardan birinde uyuyan papağanı görünce ona seslenmiş. "Papağan kardeş! Papağan kardeş! Sana bir teklifim var. Aşağıya in de konuşalım, kimsenin duymaması gerek."

Papağan merakla aşağıdaki dala atlayınca, sırtlan planını anlatmaya başlamış. "Ses yarışmasında sana büyük bir haksızlık yapıldı. Yarışmaya katılmak herkes kadar senin de hakkın," deyince papağan onu onaylamış. Sırtlan, "Bu yüzden gel seninle bir anlaşma

yapalım. Eğer bana yardım edersen yarışı kazanabilirim. Aslanın sarayına seni de götürürüm. Beraber yer, içer, eğleniriz."

Papağan merakla sormuş. "Sana nasıl yardım edebilirim ki?" Sırtlan bir kahkaha atmış. "Çok kolay. Sahneye çıktığımda sen perdenin arkasında duracaksın ve ben şarkı söyler gibi ağzımı oynatacağım.

Sen de o muhteşem sesinle şarkıyı benim yerime söyleyeceksin." Papağan fikri çok beğenmiş. "Tamam," demiş.

Yarışma günü geldiğinde tüm hayvanlar sahnenin önündeki kütüklerde oturup beklemeye başlamışlar. Önce kurbağa çıkmış. Sesi çok kötü olsa da cesareti sebebiyle hayvanlardan alkış almış. Ardından ayı çıkmış sahneye. Homurdana homurdana söy-

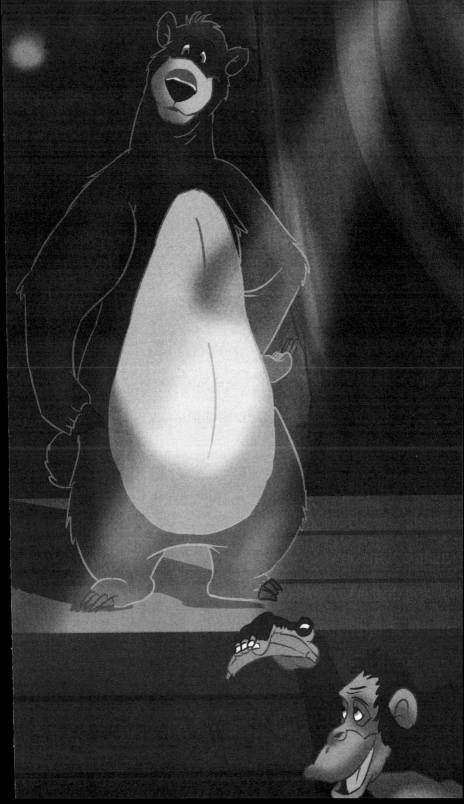

lediği şarkıdan kimse bir şey anlamasa da hayvanlar ona kibar davranmışlar ve onu alkışlamışlar.

Bülbül billur gibi sesiyle sahnede şarkı söylemeye başlayınca izleyicilerden büyük bir alkış kopmuş. Hayvanlar sesine hayran olmuş. Kendi aralarında, "Kesin bülbül birinci olacak," diye konuşmaya başlamışlar. Bülbül şarkısını bitirip arkadaşlarına selam vermiş ve yerini sırtlana bırakmış.

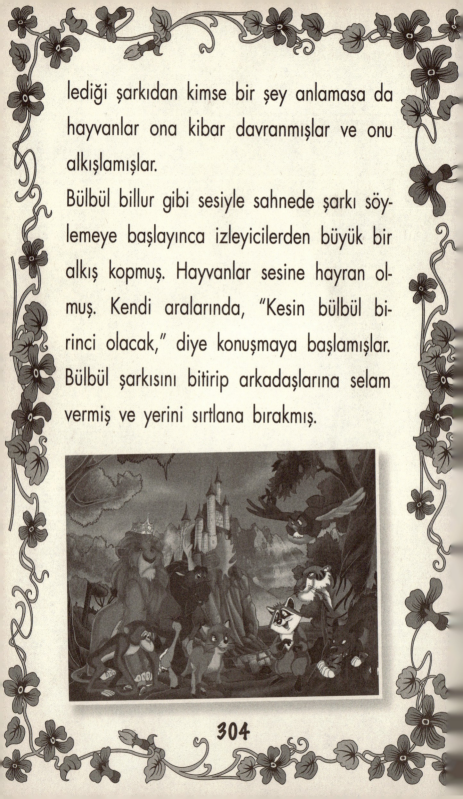

Sırtlan kendini beğenmiş bir eda ile çıkmış. Şarkı söylemek için ağzını açmış... O anda bütün ormana şimdiye kadar duyulmamış harika bir ses yayılmış. Hayvanlar sırtlandan böyle bir ses beklemedikleri için çok şaşırmışlar. Sırtlan şarkı söyledikçe kendilerinden geçiyorlarmış. Az önce şarkı söyleyen bülbülü bile unutmuşlar.

İzleyicilerden biri olan baykuş işin içinde bir bit yeniği olduğunu düşünmüş. Sahneye dikkatle bakmış ve o anda perdenin arkasında parlak, kırmızı renkli bir kuyruk görmüş. Arkadaşı tilkiyi dürterek ona kuyruğu göstermiş. Baykuş ve tilki görünmeden perdenin arkasına gelmişler ve şarkı söyleyen papağanı yakalayarak susturmuşlar.

Bir anda ormanı sessizlik kaplamış. Sırtlan

ağzını hareket ettirse de sesi çıkmıyormuş. Hayvanlar şaşkınlıkla ona bakıyormuş. Sırtlan sonunda kendi sesiyle devam etmeye karar vermiş ve şarkı söylemeye başlamış. Sesi öyle kötüymüş ki tüm hayvanlar kulaklarını tıkamışlar. Bir yandan da, "Hayatımda bu kadar kötü bir ses işitmedim," diye gülüyorlarmış. Sırtlan bu yorumlara çok üzülmüş ve hemen susmuş.

Baykuş ve tilki, papağan ile beraber perdenin arkasından çıkıp olanları diğer hayvanlara anlatmışlar. Hayvanlar sırtlana çok kızmış. "Demek bizi kandırmaya çalıştın! Ayıp, ayıp kendinden utanmalısın," demişler. Sırtlan ise ağlayarak özür dilemiş.

Baykuş, "Hepimizin kusurları ve başarısızlıkları vardır. Hiç kimse mükemmel değildir.

Önemli olan kendimize güvenmek ve eksikliklerimizin üstüne gidebilmektir," demiş. Sırtlan başarısız olmaktan korktuğu için hile yapmasının ne kadar yanlış olduğunu fark etmiş, çok pişman olmuş.

Bunu gören hayvanlar sırtlana sarılmışlar. Ona herkesin hata yapabileceğini söylemişler. Aslan hayvanların birbirlerine olan bağlılığını görünce pek sevinmiş, onlarla gurur duymuş. Hepsini sarayına davet etmiş. Hayvanlar sarayda şarkılar söyleyerek çok güzel bir gün geçirmişler.

ROMANTİK ÖRDEK

Sapsarı ve yumuşacık tüyleri olduğu için annesi, küçük ördeğe "Sarı Pamuk" adını koydu.

Sarı Pamuk, hayaller kurmayı seven romantik bir ördekcikti.

Şimdi de çimlere uzanmış, etrafındaki çiçeklere dalgın dalgın bakıyordu. Arkadaşı kelebek yanından geçerken, "Günaydın," dedi ancak ördekçik duymadı. Çekirge Zuzi ise kendinden emin bir şekilde, ördeğe meydan okuyarak koşu yarışı yapmalarını istiyordu.

Ancak Sarı Pamuk bugün hiç havasında değildi. Şu an gökyüzünü seyretmek, çiçekleri koklamak ona daha ilginç geliyordu. Çekirge Zuzi'ye dönerek, "Yarışı boş ver! Sana çiçekler için yazdığım şiirimi okumak istiyorum," dedi.

Romantik ördek şiirini ahenkle okuduktan sonra neşeyle gülümsedi. Diğer tarafta antenlerini açmış şiiri dinleyen tırtıl heyecanla onu kutladı:

"Tebrikler Sarı Pamuk! Hem romantik hem de şair bir ördeksin." Aklı yarışta kalan Çekirge Zuzi ise kıs kıs gülerek, "Nasılsa yarışsaydık da yarışı ben kazanırdım," diye geçirdi aklından.

YARAMAZ FARE

Bir zamanlar bir köyde, tedbirli bir çiftçi yaşardı. Ne olur ne olmaz diyerek, arpa, buğday gibi ürününün yarısını ambarına depolamıştı.

Fakat yaramaz bir fare, ambarın dışarı bakan duvarına delik açtığı için, dışarı sürekli tahıl akıyordu.

Fare: "Gökten yağıyor, arkası kesilmez nasıl olsa," diyerek har vurup harman savuruyordu. Üstüne üstlük bir sürü arkadaşını da çağırmıştı buraya. Ortalıkta ne kadar tembel

varsa üşüşmüştü ambara. Hemen hepsi tıka basa karınlarını doyuruyordu.

Gün geldi, şiddetli bir kıtlık çıktı ortaya. Bir tane buğdaya muhtaç oldu insanlar. Sadece köylüler değil, fareler de kıtlığı hissettiler. Bizim çiftçi ambarına gidip bakınca tahılla-

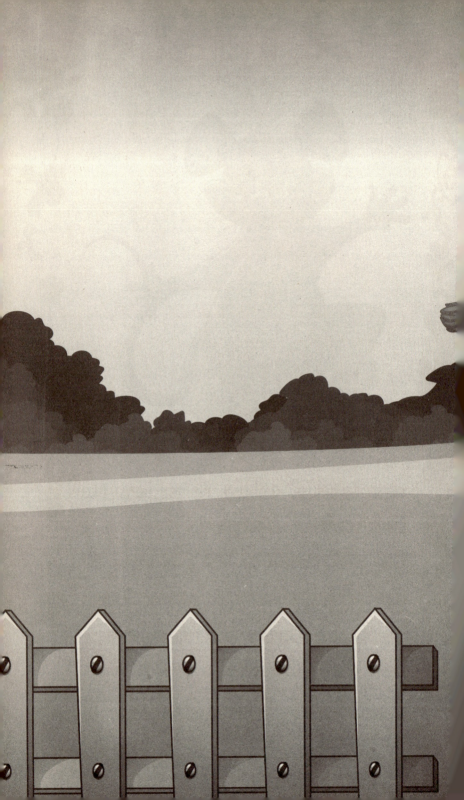

rın bir hayli azalmış olduğunu gördü.

"Kahrolası fareler!" diye söylenerek ürünü daha güvenli bir yere taşımaya başladı.

Adam taşıyadursun, bizim tembel fare hala uyuyordu bu sıra.

Çiftçi tahılı daha güvenli bir yere taşımıştı bile. Tembel fare hala derin bir uykudaydı. Çevresindeki çıkarcılar tahılın bittiğini görünce birer birer sıvışmışlardı.

Neden sonra fare uyandı. Çevresinde kimse kalmamıştı.

Fare, yalnız kaldığına çok sevindi. "Nasıl olsa benim yiyeceğim var," diye düşündü. Çok acıkmıştı. Ambara gitti. Deliğe baktı. Eskisi gibi buğday yağmıyordu delikten.

"Nasıl olur! Bir yanlışlık olmalı!" diyerek çok kızdı. O kızgınlıkla delikten ambara

daldı.

Daldı ki ne görsün! Bir tek tane bile kalmamış.

Az kalsın aklını kaybediyordu. Oracığa yığılıverdi.

"Ben mahvoldum, ben mahvoldum!" diyerek ağlamaya başladı. Aklı başına gelmiş ama iş işten çoktan geçmişti.

Vaktiyle herkesi doyururken şimdi herkese muhtaç bir duruma düşmüştü. Açlıktan ölecek gibiydi.

Pişmanlık duygusu içini kemiriyordu. "Ben ne yaptım!" diyerek başını ağlamaya başladı.

KÜÇÜK BİR YOLCULUK

Haylaz maymun gözlerini kocaman açarak, "İnanamıyorum!
Gördüğüm en büyük muzlar burada!" dedi heyecanla. Çiçeklerin ötesindeki muzlar Laki'nin karşısında iri iri duruyordu. Muzların lezzetli görüntüleri ağzını sulandırmıştı. Heyecanla etrafında uçuşan arı Holi, "Yolumuz çok uzun artık gitmeliyiz, Laki. Üstelik karnımızı yeni doyurduk," dedi. Ar-

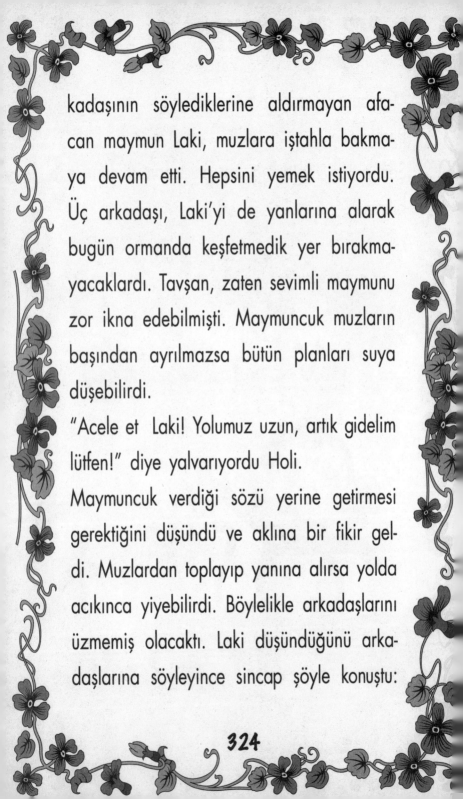

kadaşının söylediklerine aldırmayan afacan maymun Laki, muzlara iştahla bakmaya devam etti. Hepsini yemek istiyordu. Üç arkadaşı, Laki'yi de yanlarına alarak bugün ormanda keşfetmedik yer bırakmayacaklardı. Tavşan, zaten sevimli maymunu zor ikna edebilmişti. Maymuncuk muzların başından ayrılmazsa bütün planları suya düşebilirdi.

"Acele et Laki! Yolumuz uzun, artık gidelim lütfen!" diye yalvarıyordu Holi.

Maymuncuk verdiği sözü yerine getirmesi gerektiğini düşündü ve aklına bir fikir geldi. Muzlardan toplayıp yanına alırsa yolda acıkınca yiyebilirdi. Böylelikle arkadaşlarını üzmemiş olacaktı. Laki düşündüğünü arkadaşlarına söyleyince sincap şöyle konuştu:

"Tamam. Birkaç dakikalık mola bir şey kaybettirmez.

Sen onları toplarken biz de biraz dinlenebiliriz."

AĞUSTOS BÖCEĞİ İLE KARINCA

Sıcak yaz günleri, sonbaharla veda etmiş ve sonunda kış gelmiş çatmış. Her yer karla örtülmüş. Keskin bir rüzgâr, kurumuş ağacın dallarını savuruyor, sesi tüm ormanda uğulduyormuş.

O kış sabahında ağustos böceği, uykusundan soğuktan titreyerek uyanmış. Kendisine kahvaltı hazırlamak için dolabı açtığında hiç yiyeceğinin kalmadığını görmüş. Bu kara

kışın ortasında nereden yiyecek bulacağını düşünmüş kara kara.

Yaz boyunca, çalışıp didinen komşusu karıncanın kış için hazırlık yaptığını hatırlamış. 'Karıncanın dolabında mutlaka fazla yiyecek vardır. Bütün yaz yiyecek götürmüştü yuvasına,' diye düşünmüş.

Ağustos böceği, evinden çıkmış ve karlara bata çıka, soğuktan titreye titreye komşusu karıncanın yuvasına yürümüş ve kapısını çalmış.

Karınca, kapıyı açtığında karşısında ağustos böceğini görünce çok sevinmiş. Hemen komşusunu içeri çağırmış, ona biraz buğday ikram etmiş.

O sabah ilk kez yemek yiyebilen ağustos böceği sormuş: "Karınca dostum, benim

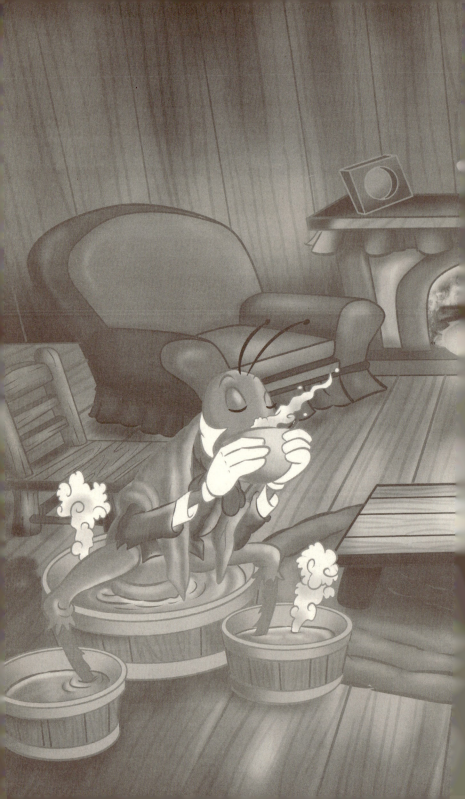

evimde hiç yiyeceğim kalmadı. Hava çok soğuk, gidip kendime yiyecek bulamıyorum. Fazla buğdayın varsa evime götürebilir miyim?"

Ağustos böceğinin ondan yiyecek istediğini duyan karınca, "Dilenmeye utanmıyor musun sen? Bütün yaz şarkı söyleyip keman çalacağına neden kış için yiyecek toplayıp yuvanda saklamadın?" diye çıkışmış.

Ağustos böceği cevaplamış: "Ama karınca kardeş, ben bütün yaz şarkı söyleyip keman çaldım. O gün ne bulursam onu yedim, kışın ne yiyeceğimi hiç düşünmedim."

Karınca, ağustos böceğinin bu sözlerine oldukça öfkelenmiş. "Öyle miii? Ama ben, yazın kavurucu sıcağında çalışırken bunu fark edemedim bile. Sen şarkılar söylerken

ben sırtımda arpa taşıyordum. İlkbaharda, yuvama götürdüğüm arpaları sakladım ve kışa hazırlık yaptım. Çünkü kışın yiyecek bulmak çok zordur. Sen bugünleri hiç düşünmedin mi?" demiş.

Ağustos böceği, "Düşünemedim, bütün yazı şarkılarla, oyunlarla geçirdim. Ormana konser verdim. Sen de orada beni dinlemiyor muydun? Eğlenmiyor muydun?" diye sormuş.

Karınca, "Çalışmaktan zaman buldukça seni dinliyor ve eğleniyordum. Sense hiç çalışmamışsın. Madem yazın çaldın söyledin, hadi şimdi de git biraz oyna!" demiş.

Ağustos böceği, karıncanın evinden çıktıktan sonra düşünmüş, düşünmüş. Çalışkan karıncaya hak vermiş.

"Keşke ben de karınca gibi zaman bulunca eğlenip çok çalışsaydım, şimdi bu kış böyle zorlanmazdım," demiş kendi kendine...